DES SOURCES

DU

DROIT GREC

PAR

G. BARRILLEAU

Agrégé à la Faculté de droit de Poitiers

PARIS

L. LAROSE ET FORCEL

Libraires-Éditeurs

22, RUE SOUFFLOT, 22

—

1883

DES SOURCES

DU

DROIT GREC

Extrait de la *Nouvelle Revue historique de Droit français et étranger*.

DES SOURCES

DU

DROIT GREC

PAR

G. BARRILLEAU

Agrégé à la Faculté de droit de Poitiers

PARIS

L. LAROSE ET FORCEL

Libraires-Éditeurs

22, RUE SOUFFLOT, 22

—

1883

IMPRIMERIE
CONTANT-LAGUERRE

LVX·VITAM

BAR-LE-DUC

DES SOURCES

DU DROIT GREC

Quand on parcourt les travaux publiés sur les antiquités romaines, on ne peut manquer d'être frappé de la place considérable qu'occupent les études juridiques. La liste des ouvrages relatifs au droit romain formerait un volume imposant, et s'il reste encore beaucoup à faire pour exploiter cette carrière vraiment inépuisable, on peut au moins affirmer qu'il y a peu de points dans l'antiquité qui soient plus connus et mieux fréquentés. Dans les antiquités grecques, au contraire, l'étude du droit ne semble pas avoir conquis cette faveur et cette importance. Malgré les travaux de l'école moderne, l'histoire du droit hellénique est demeurée fort en retard. Non-seulement il n'y a rien à opposer aux ouvrages des Cujas, des Doneau, des Godefroi, des Pothier ou des Savigny sur le droit romain, mais il est même difficile d'entrevoir le jour où l'étude du droit grec sortira de cet état d'infériorité marquée pour s'élever au rang qu'elle mérite.

Cependant on s'accorde aujourd'hui à reconnaître l'intérêt historique de ces études. M. Villemain seul a dit en parlant des plaidoyers civils de Démosthène : « Les procès, les lois et les mœurs des Athéniens sont si loin de nous que cette lecture devient froide et pénible. » C'était condamner un peu vite l'antiquité toute entière, si le langage n'eût pas évidemment excédé la pensée. M. Dareste prévoit également l'objection ; mais il trouve aussitôt la réponse : « Il semblera peut-être, au premier abord, que de simples procès civils, des contestations entre voisins, des difficultés entre parents, des règlements de comptes entre négociants ne nous touchent guère, à vingt-deux siècles de distance. Ce sont là en effet de bien vulgaires événements. Mais ils nous attachent par ce qu'ils ont de réel et de positif. En lisant les plaidoyers des orateurs, on saisit en quelque sorte sur le fait la vie privée des Athéniens. On voit se dérouler avec plus de réalité que sur la scène comique ou dans les écrits des moralistes le caractère de ce peuple industrieux et entreprenant, âpre au gain, trop souvent enclin au mensonge, alliant des mœurs faciles à des croyances enracinées. On y trouve représentés tous les personnages de la société athénienne. » C'est en effet le meilleur moyen de comprendre une société que de la suivre dans sa vie quotidienne et dans la pratique de ses affaires privées. L'histoire qui se borne à cataloguer les faits, à enregistrer les dates, les guerres, ou les événements de la vie publique, est nécessairement imparfaite. A l'histoire politique il faut joindre celle des institutions privées qui l'éclaire et la complète, et parmi les créations d'une société, il n'en est pas de plus subtile, de plus pratique et de plus intéressante que sa conception du droit et que l'ensemble des lois sous lesquelles elle fonctionne.

M. Perrot, dans son *Essai sur le droit public d'Athènes*, a reconnu et développé toute l'importance de cette idée. Mais il s'est arrêté trop tôt, en bornant à ce point unique l'intérêt du sujet : « l'intérêt que pourra présenter le droit attique sera d'ailleurs, il faut le dire, un intérêt purement historique.

En réalité, l'étude du droit hellénique ne saurait manquer d'être utile en elle-même, toute curiosité d'historien mise à part. C'est un lieu commun que le droit romain est la raison écrite et que toute autre législation ancienne est sans valeur. Il est certain que le droit romain est entré comme l'un des facteurs principaux dans l'élaboration des codes modernes, et qu'au contraire, il n'y a guère eu d'emprunts directs aux législations helléniques. Mais on oublie que ces emprunts ont pu être faits par le droit romain lui-même et que Rome doit à la Grèce une bonne partie de sa civilisation. Il faudrait que le droit athénien fût mieux connu ; on pourrait alors faire une comparaison intéressante et détaillée entre les institutions privées des deux peuples. Il y a pour l'avenir une

belle et savante étude à faire sur les origines helléniques du
droit romain.

Je ne veux pas insister sur la fameuse question de la légation
envoyée en Grèce pour y préparer la loi des XII Tables, puisque le fait de la députation, quoique probable, est encore in-
certain. Mais qui niera l'influence du voisinage et de la civilisation des colonies grecques sur le peuple romain? Qui niera
surtout l'influence de la philosophie grecque sur la jurisprudence romaine? Si la doctrine de Zénon est d'origine grecque,
il n'y a rien d'excessif à dire que l'état romain fut sa patrie
d'adoption. Les doctrines des stoïciens renouvelèrent le droit
en pénétrant dans les écoles des jurisconsultes, en acclima-
tant les préceptes du droit naturel dans l'enseignement et
les écrits. Les Prudents, Marcien, Ulpien, l'incomparable
Papinien furent les disciples immédiats de Zénon et de Chry-
sippe. Les formules de la jurisprudence sont celles de la
morale : *honeste vivere, neminem lædere, suum cuique tribuere*.
Les définitions du droit, de la justice, de la loi sont empruntées à la philosophie. Tout le monde romain à cette époque
s'est imprégné d'hellénisme. Mais déjà auparavant, quelques
institutions de grande importance avaient été empruntées à
la Grèce : c'est de là que vient l'hypothèque, si l'on en croit
le témoignage de Cicéron, confirmé par la dénomination
même du droit introduit. De là venait également la distinction fondamentale des biens dotaux et paraphernaux. Au temps
même des jurisconsultes classiques, où le droit romain avai
atteint son plus complet développement, on n'hésitait pas
à reporter certaines institutions aux lois de Solon. Ainsi
Gaïus fait dériver de ces lois les prescriptions imposées aux
juges dans l'action de bornage (1). Ailleurs il rattache à la
même origine les règles qui permettent aux collèges de se
former librement (2). Il est fâcheux que le commentaire de

(1) Sciendum est, in actione finium regundorum, illud observandum esse
quod ad exemplum quodammodo ejus legis scriptum est, quam Athenis Solon
dicitur tulisse : nam illic ita est : ἐάν τις αἱμασίαν παρ' ἀλλοτρίῳ χωρίῳ ὀρύγῃ,
τὸν ὅρον μὴ παραβαίνειν... etc. Gaïus, liv. 4, *ad leg.* XII Tabul; L. 13. Dig.
finium regund., X. 1.

(2) Hæc lex videtur ex lege Solonis translata esse, nam illic ita est :
ἐάν δὲ δῆμος, ἢ φράτορες ἢ ἱερῶνι ὀργων, ἢ ναῦται... Gaïus, lib. 4, *ad leg.*,
XII Tab. L. 4, D. *de colleg. et corpor,* XLVII, 22.

Gaïus sur la loi des XII Tables soit perdu pour nous, car on y eût trouvé sans doute des rapprochements nombreux entre les deux législations.

Ainsi, quoique le droit romain ait un fond essentiellement national, indigène, il n'en est pas moins vrai qu'il a subi plus qu'on ne croit généralement les influences de la Grèce. Mais il faut ajouter de plus que si le droit romain est supérieur en général au droit grec, par l'élévation de ses principes, l'infinie variété de ses applications, la logique rigoureuse de sa méthode, il n'est pas impossible de trouver en certaines parties de la législation athénienne, par exemple, plus de perfection et de sens pratique. Ainsi, l'autorité du chef de famille affectait, à Rome, un caractère de rigueur qui n'a jamais existé à Athènes. Là, au contraire, la puissance maritale et la puissance paternelle étaient organisées dans un simple but de protection et de défense. En matière de droits réels et d'obligations, l'étroit formalisme des Romains n'avait pu convenir au génie plus libre des Athéniens. Rien d'analogue aux modes solennels d'acquérir, tels que la *mancipatio* ou l'*in jure cessio*. Comme en droit français, la propriété se transfère par le seul effet du consentement, en vertu de la convention des parties. Tandis qu'à Rome les mutations ou constitutions de droits sont nécessairement occultes ou ne sont révélées que par le procédé insuffisant de la tradition ou des formalités qui constituent l'*in jure cessio* ou la *mancipatio*, il existe à Athènes un régime de publicité très simple, mais très recommandable, destiné à protéger les tiers. Cette publicité consiste dans une sorte d'enregistrement des actes de translation, tels que ventes ou donations, et en outre dans l'établissement d'ὅροι sur les terrains grevés de charges hypothécaires. Sur tous ces points et sans doute sur beaucoup d'autres, le droit grec affecte une supériorité réelle sur le droit romain.

L'indifférence de la plupart des juristes modernes ne peut donc pas s'expliquer par le défaut d'intérêt. Il faut aller ailleurs en chercher la cause, qui tient peut-être à certaines circonstances particulières au droit grec. D'abord ce droit n'a jamais eu l'unité puissante du droit romain. A vrai dire, il n'y a pas eu de droit grec; il y a eu le droit de Crète, le droit de Sparte, le droit d'Athènes. Chaque cité avait ses lois propres, les colonies comme les métropoles. Aristote avait écrit un ouvrage, perdu pour nous, où il analysait les constitutions de 158 peuples. C'est donc la diversité même et la multiplicité des législations helléniques qui opposent un premier obstacle aux recherches des historiens.

Une deuxième difficulté résulte de la dispersion et de l'insuffisance des matériaux juridiques. Il n'y a guère que deux états en Grèce dont le régime intérieur ait été pénétré, Sparte et Athènes. Or, pour ces deux cités elles-mêmes, l'étude des institutions présente des difficultés de nature à décourager des esprits peu patients. Le droit romain nous est parvenu par des textes d'une richesse incomparable, par les écrits techniques des jurisconsultes, et par les importantes compilations de Justinien. L'étude en est donc soutenue par des textes méthodiques et peut se borner à la rigueur à un simple commentaire. En Grèce, rien de semblable. A Sparte d'abord, il n'y a jamais eu de législation écrite : *Lacedæmonii ea quæ pro legibus observabant, memoriæ mandabant* (1). Les institutions même de Lycurgue paraissent avoir été purement coutumières. Il n'y a donc rien de surprenant à ce que nous soyons aujourd'hui réduits à des notions fort incomplètes sur le droit des Spartiates. A la vérité Athènes était dans une situation bien différente de celle de Sparte. Athènes était la cité du droit écrit : *Athenienses ea quæ in legibus scripta comprehendissent, custodibant* (2). Sans remonter aux temps mythologiques et aux légendes de Cérès, de Cécrops ou de Thésée, Athènes a eu des législateurs fameux, comme Dracon et Solon. Pourquoi donc les Athéniens, qui nous ont légué un héritage si précieux à tant d'égards, ne nous ont-ils rien transmis de comparable aux monuments du droit romain? C'est que d'abord les lois de Dracon et de Solon n'ont pas pu franchir la distance redoutable des siècles. Il n'en reste que des pièces détachées, conservées dans les écrits des auteurs

______

(1) Inst. Just., liv. I, T. 2, *de jure natur.*, § 10. — V. *Propriété à Sparte,* par M. Fustel de Coulanges, Paris, Thorin, et les *Institutions sociales et le droit civil à Sparte,* par Claudio Jannet, Paris, Durand, 1880.

(2) Inst. Just. § 10 et 12 *eod. tit.*

ou dans les inscriptions. Mais ces documents ne sont peut-
être pas encore ce que l'on doit regretter le plus. Les lois de
Solon sont au droit athénien ce que les XII Tables sont au
droit romain : un droit infiniment respectable, mais enfin un
droit embryonnaire, fort éloigné de sa maturité. La législation athénienne, dans son expression véritable et complète,
c'est celle du siècle des orateurs, du dernier siècle de la république. Or, cette législation n'a point été codifiée; il y a eu
des essais de révision qui ont pu aboutir, comme après l'ex-
pulsion des trente tyrans; il n'y a pas eu de codification offi-
cielle, systématique, définitive, semblable à celle du droit
romain sous Théodose et Justinien. D'autre part, chez les
Athéniens, il n'y a jamais eu de véritables jurisconsultes;
Athènes n'a même pas connu la profession d'avocat, comme
nous l'entendons aujourd'hui (1). Aucun logographe ne s'est
avisé de réunir les préceptes du droit, de les coordonner, et
de publier des traités méthodiques, comme l'ont fait à Rome
les Gaïus, les Paul, les Ulpien, les Papinien, les Modestin.
Voilà pourquoi il ne nous est parvenu aucun ouvrage de droit
proprement dit, par lequel nous puissions suppléer à l'ab-
sence des recueils de lois. C'est donc à un ensemble de documents beaucoup moins sûrs et beaucoup plus dispersés qu'il
faut demander les éléments de l'histoire du droit grec.

Ces documents, que nous nous proposons d'examiner dans
leur ensemble, peuvent être classés en deux groupes principaux : ce sont d'une part les écrits des auteurs, d'autre part
les inscriptions.

I.

Les auteurs grecs ne sont pas les seuls où l'on doive chercher le droit en usage à Athènes et dans les autres cités. Certaines dispositions des législations helléniques nous sont éga-
ement rapportées par les écrivains latins : c'est ainsi que

---

(1) Voir Saripolos: *Pourquoi l'ancienne Grèce n'a pas produit de jurisconsultes : C. rendus de l'Acad. des sciences morales et politiques.* Egger : *Si les
Athéniens ont connu la profession d'avocat;* — Perrot, *Droit public*, ch. II,
§ 15.

Plaute, surtout Cicéron, et même certains jurisconsultes de l'époque classique, Gaïus entre autres, nous ont révélé une foule de détails instructifs, et même quelques textes de législation. Dans une nomenclature complète des sources du droit grec, il conviendrait donc de faire une place, sinon très importante, au moins très curieuse et très équitable aux *Sources latines*. Mais il y a là l'objet d'un travail spécial, que nous préférons réserver en concentrant nos recherches actuelles sur les *Sources grecques*.

Les écrits des auteurs grecs qui forment actuellement la source la plus précieuse et la plus complète ne sont pas des sources directes, puisque nous n'avons pas d'ouvrage qui traite *ex professo* des matières juridiques. Mais il y a peu d'écrivains qui n'aient emprunté par occasion quelques traits à la jurisprudence et qui dans leurs descriptions ou leurs discussions n'aient effleuré quelque notion de droit. Chez les orateurs, les philosophes, les historiens, les grammairiens, même chez les poètes, on rencontre de ces emprunts faits soit aux lois de la cité, soit aux mœurs judiciaires; et ces notions, quelquefois bien vagues et bien imparfaites, suffisent néanmoins pour jeter un peu de clarté sur telle ou telle partie de la jurisprudence.

ORATEURS. — Parmi les écrivains, c'est assurément le groupe des orateurs attiques qui fournit le plus, et parmi les orateurs la première place appartient d'une manière incontestable à Démosthène. Tout essai de restauration du droit attique doit s'inspirer d'une étude minutieuse des discours de Démosthène.

Ce n'est pas le lieu de discuter ici l'authenticité de ces discours. La question a été souvent et longuement traitée, et l'authenticité de quelques-uns d'entre eux, contestée déjà par Denys d'Halicarnasse et Libanius, rejetée de nos jours par Westermann et Schæfer, est très contestable. Mais cela importe peu; il suffit que ces plaidoyers aient été réellement prononcés par un orateur au IVe siècle, devant un auditoire athénien. Quant aux lois citées dans les plaidoyers, on a longtemps hésité, on hésite encore à en reconnaître la sincérité. On a soupçonné les rhéteurs d'Alexandrie d'avoir fabri-

qué de fausses lois de Solon pour les insérer dans le texte (1).
La question de sincérité doit être discutée pour chaque loi en
particulier. Mais il faut en général se garder d'une suspicion
excessive, et se rappeler cette curieuse découverte d'une loi
de Dracon qui est venue vers le milieu de ce siècle confirmer
la parfaite intégrité d'un texte cité par l'orateur et souvent
traité d'apocryphe par les auteurs.

La question d'authenticité mise à part, il faut distinguer
les harangues et les discours politiques d'un côté, de l'autre
les plaidoyers civils.

Les harangues présentent un intérêt plutôt historique que
juridique et fournissent peu pour le droit, presque rien pour
le droit privé. Les discours contre Leptine, contre Androtion
et contre Timocrate contiennent des renseignements importants sur les matières de droit public, notamment sur la proposition et l'abrogation des lois. Pour étudier les matières
criminelles, les délits et les peines, la compétence des juri-
dictions et la procédure pénale, il faut encore se référer aux
discours précédents, et spécialement aux deux discours contre
Midias et contre Aristocrate. Ce dernier surtout présente une
importance capitale : « c'est la principale source pour le droit
criminel athénien. » M. Dareste y a trouvé, en effet, les principaux éléments d'une étude sur le droit criminel d'Athènes.

Mais entre les discours judiciaires, il faut accorder une place
à part aux plaidoyers civils. Ces plaidoyers, réunis sous le
nom de Démosthène, sont au nombre de 33, dont aucun ne
présente un intérêt médiocre. Il ne faut pas y chercher de
longues théories de droit; comme dans la plupart des plaidoyers, le droit fournit seulement le fond des arguments, et
s'y trouve même parfois un peu travesti pour les besoins de
la cause. Il faut faire une prudente sélection au milieu des
notions présentées. On sait en effet que les orateurs grecs
n'étaient rien autre chose que des logographes, écrivant des
discours qu'ils ne prononçaient pas, mais qu'ils accommo-

---

(1) Ces citations des lois de Solon sont très nombreuses : rien que pour le
droit privé, Telfy en relève dix dans les fragments empruntés à Démosthène
(nᵒˢ 1399, 1426, 1433, 1437, 1483, 1552, 1569, 1575, 1584, 1587 C. J. Att.).
— V., sur les lois de Solon : Schelling, *de Solonis legibus apud oratores atti-
cos,* Berlin, 1842.

daient à la nature de la cause et au caractère du plaideur qui devait les réciter. Les arguments de droit, l'invocation des lois, l'explication des dispositions ne venaient qu'à l'occasion de la discussion de l'affaire. Or les plaidoyers de Démosthène roulent sur les causes les plus variées. Dans les trois discours contre Aphobos, on trouve de nombreuses indications sur les tutelles ; dans les plaidoyers de Mantithée contre Bœotos, des renseignements sur les successions, l'état civil, les dots. Cette matière des dots est spécialement éclairée par le discours contre Spoudias. Le plaidoyer contre Apatourios roule sur les affaires commerciales et maritimes. Les quatre discours contre Zenothemis, Phormion, Lacrite, Dionysodore, renferment un exposé complet des conditions des prêts à la grosse aventure (1). Dans le discours contre Calliclès, il s'agit des rapports de voisinage et des dommages causés à la propriété. Les discours contre Apollodore, Callippos, Timothée et Stéphanos nous révèlent l'organisation des établissements de banque à Athènes (2). Le plaidoyer contre Phénippe nous fait connaître cette institution proprement athénienne de la « permutation des patrimoines, » ἀντίδοσις. Dans le discours contre Nééra, l'orateur nous apprend les conséquences de l'usurpation de qualité et la législation des courtisanes.

Tous les autres plaidoyers, dans les divers sujets qu'ils traitent, présentent un égal intérêt. Longtemps on a pu regretter que les parties de ces discours qui sont comme imprégnés de droit grec, fussent si imparfaitement traduites en français. La traduction de l'abbé Auger et même celle de Stévenart étaient remplies d'inexactitudes, fort explicables de la part d'écrivains qui n'étaient pas jurisconsultes, mais dont l'effet était de dénaturer le sens du texte au point de donner une idée très inexacte de l'original. Aujourd'hui nous devons aux soins de M. Dareste une traduction qui ne laisse rien à désirer, et dont la valeur est encore rehaussée par une intro-

---

(1) V. Dareste : *Étude sur quatre plaidoyers attribués à Démosthène sur le prêt à la grosse chez les Athéniens, Revue hist. de droit,* Paris 1867. — De Vries : *De fœnoris nautici contractu,* Harlem, 1842.

(2) V. de Koutorga : *Essai histor. sur les Trapézites ou banquiers d'Athènes,* 1859. — Caillemer, deuxième étude : *Lettres de change et contrat d'assurance,* 1865. — Perrot, 4º art., *R. des Deux-Mondes,* 1873.

duction sur le droit athénien, tirée des œuvres de Démosthène (1). — Les scholiastes de Démosthène présentent aussi quelques notions complémentaires et ne doivent pas être négligés.

Après Démosthène, celui des orateurs attiques qui a le plus d'importance pour le droit est Isée. On ne saurait faire trop de cas de ses plaidoyers. Longtemps oubliés, méconnus, incompris, ces plaidoyers obtiennent à peine aujourd'hui la faveur qu'ils méritent. Il n'en est pas qui soient plus savants, mieux nourris, plus vraiment juridiques, qui fournissent sur le droit des renseignements plus complets et plus précis. A ce point de vue, Isée, l'élève d'Isocrate, se place à une grande distance avant son maître, même avant Lysias, et presque au même rang que son élève Démosthène. Il est peut-être le premier jurisconsulte, le premier légiste d'Athènes, et s'il avait laissé des discours sur toutes les parties du droit, son œuvre serait inappréciable. Cependant, à cause même de cette science qui causait une sorte d'appréhension à ses contemporains, beaucoup moins versés dans la connaissance des lois, il excitait la défiance et peut-être l'envie. Il avait mauvaise renommée, dit Denys d'Halicarnasse, et même quand il disait la vérité, on ne l'écoutait pas sans défiance. Plutarque, dans sa biographie des dix orateurs, lui consacre moins de place qu'à tout autre, n'ayant pu réunir de plus amples renseignements.

Des 75 plaidoyers que l'antiquité avait rassemblés sous le nom de cet orateur, il ne nous en reste plus que onze entiers, tous relatifs à un même ordre de matières, à des procès de succession. Ces onze plaidoyers permettent à eux seuls de se faire une idée exacte et suffisante du droit successoral à Athènes : les vocations héréditaires, les droits et obligations des successeurs y sont déterminés. Ils contiennent en outre une foule de renseignements utiles sur les questions qui se mêlent le plus souvent aux questions d'héritage. Ainsi les plaidoyers pour les successions de Ménéclès, d'Apollodore, d'Astyphilos, d'Aristarchos, font connaître les conditions et les effets de l'adoption. Dans les discours pour l'héritage de

______

(1) Ch. Giraud : Compte-rendu, *Journal des Savants*, déc. 1875.

Pyrrhus et de Ciron, on trouve des indications nombreuses sur le mariage, la filiation, la légitimation. La matière des testaments doit être étudiée dans les plaidoyers pour l'héritage de Nicostrate, de Dicéogène, de Philoctémon. Quant aux fragments généralement très courts qui nous sont parvenus, outre ces onze plaidoyers, ils sont trop incomplets pour être d'une grande utilité, quoique la plupart paraissent relatifs à des matières de droit civil, souvent à des points successoraux. Soit que les questions successorales aient constitué une sorte de spécialité pour Isée, soit que le temps nous ait conservé dans les œuvres de l'orateur la seule série consacrée aux causes de cette nature, tels sont les seuls écrits que nous possédons. M. Perrot exprimait en 1872 combien il était regrettable de n'avoir pas alors de traduction en français qui fût exacte et lisible. La lacune n'a pas été comblée depuis; outre la traduction si imparfaite de l'abbé Auger, il n'existe encore que des traductions de parties isolées. Combien il serait désirable que les plaidoyers d'Isée fussent révélés au public comme l'ont été les plaidoyers civils de Démosthène!

Les discours de Lysias, beaucoup plus nombreux que ceux d'Isée, sont d'un moindre secours pour le jurisconsulte. Dans l'antiquité, on attribuait à cet orateur 425 discours, mais Denys et Plutarque ne reconnaissaient le caractère d'authenticité qu'à 230 d'entre eux. Sur les 34 discours qui nous sont parvenus sous le nom de Lysias, il en est peu qui renferment des renseignements très importants. Il est vrai que la plupart sont relatifs à des causes criminelles, soit à des homicides (φονικαί δικαί), soit à des injures (περὶ κακολογιῶν), soit à des délits religieux (περὶ ἀσεβείας). Certaines de ces causes criminelles sont de véritables procès politiques, comme le plaidoyer contre Agoratos et le fameux discours contre Eratosthène, partisan des Trente et meurtrier du frère de Lysias. C'est avec les plaidoyers criminels que Lysias avait conquis sa réputation de premier logographe d'Athènes. Aussi ne faut-il pas demander à cet orateur de longues et subtiles discussions de droit. L'avocat des causes criminelles n'a besoin ni de la même érudition, ni des mêmes secours de jurisprudence que l'avocat du civil, car tout est simple dans

les affaires pénales et presque tout se borne à des exposés de
fait. Cependant on y recueillera des notions intéressantes
sur le droit pénal. Le plaidoyer *de cæde Eratosthenis* rappelle
les lois sur l'adultère et les outrages aux mœurs; on notera
les peines portées contre la violence et l'injure dans les plaidoyers *de vulnere ex industria* et *adversus Simonem* (§ 42),
auxquels il faut joindre les deux discours contre Théomneste
(§ 6 et 12). Le discours contre Andocide parle des peines
portées contre l'impiété (§ 10 et 15). Enfin on trouve des renseignements sur la justice militaire dans le plaidoyer contre
Alcibiade, *ob desertam militiam*.

Isocrate est un rhéteur distingué, et ses discours sont de
véritables morceaux de rhétorique. Mais la critique moderne
paraît ne pas avoir partagé à son égard l'admiration de l'antiquité. Sous la perfection de la forme et l'élévation du style,
on ne peut pas ne pas être frappé de la pauvreté du fond.
Puis ces morceaux de littérature médités à froid et polis à
loisir, souvent composés après l'événement, ne peuvent pas
éveiller le même sentiment que des discours prononcés dans
le mouvement de la vie publique. Quoi qu'il en soit, le droit
grec a peu d'obligations envers Isocrate. Quelques-uns de ses
discours appartiennent à l'histoire et à la littérature, comme le
panégyrique d'Athènes, le discours adressé à Philippe, le
discours d'Archidamus, le discours Aréopagitique, le discours
sur la paix, le Panathénaïque et le Plataïque. Certains appartiennent à la littérature, ou plutôt à la rhétorique pure,
comme l'éloge d'Hélène, l'éloge de Busiris, l'éloge d'Éva-
goras, les lettres à Démonicus et à Nicoclès, le discours de
Nicoclès à ses sujets et même le discours contre les sophistes,
où il attaque les logographes et ceux qui osent vendre leur
art aux plaideurs, « Τὰς καλουμένας τέχνας γράψαι τολμήσαντες. »
Le discours sur l'ἀντίδοσις n'est qu'un panégyrique personnel,
composé d'ailleurs après coup. Quoiqu'en plusieurs de ses
ouvrages, Isocrate se soit glorifié de n'être point un faiseur
de plaidoyers, sur les vingt et un discours qui nous restent
de lui, six ont trait aux affaires judiciaires. C'est dans ces six
discours qui d'ailleurs n'ont pas été tous prononcés, qu'on
peut trouver quelques notions de droit. Il faut en excepter
le discours sur le couple de chevaux pour le fils d'Alcibiade,

. qui nous offre, au lieu d'une discussion juridique, un éloge d'Alcibiade. Dans le discours contre Euthynès, on trouve quelques renseignements sur le contrat de dépôt. L'exception contre Callimaque fournit un exemple de conciliation ou de transaction. Dans le discours éginétique, il est question des conditions et de la validité d'un testament. Le plus intéressant de tous ces plaidoyers est le trapézitique qui doit être rapproché de certains discours de Démosthène, et qui nous initie aux opérations de banque chez les Athéniens.

L'orateur Æschine a laissé peu de chose; mais ses trois discours ne sont pas sans utilité pour le droit. Les notions de droit public abondent dans les discours contre Ctésiphon et « περὶ παραπρεσβείας. » Le discours contre Timarque nous fait connaître diverses lois de Solon et toute la législation athénienne destinée à punir les mauvaises mœurs (Voir notamment §§ 12, 13, 16, 21, 35, 138, 139). — Les explications des scholiastes d'Æschine ne doivent pas être dédaignées.

Les autres orateurs ne nous présentent guère que des notions de droit pénal, et leurs plaidoyers sont presque sans exception relatifs à des procès criminels. Antiphon, qui le premier exerça à Athènes la profession de logographe, paraît s'être occupé surtout de ce genre de causes : ses accusations contre une belle-mère, son discours sur la mort d'Hérode, et ses tétralogies ont trait à des affaires d'empoisonnement, d'homicide ou de meurtre. Son discours περὶ μεταστάσεως, souvent cité par Harpocration, dans lequel il avait présenté sans succès sa propre défense au peuple athénien, ne nous est pas parvenu.

Andocide sera consulté avec fruit pour le droit public. Son discours sur les Mystères renferme surtout un assez grand nombre de citations et de lois sur les peines portées contre les infractions intéressant l'État. Lycurgue est mieux connu comme homme politique et comme administrateur que comme orateur judiciaire. Il ne nous reste de lui qu'un seul discours complet, contre Léocrate, relatif à une cause criminelle et politique. Les trois discours politiques de Dinarque et les discours si miraculeusement retrouvés d'Hypéride, ne fournissent pas davantage. Démade et Démétrius de Phalère nous ont transmis trop peu de chose pour qu'on puisse espérer y trouver des notions de droit. Il ne faut rien demander non-plus aux courts fragments des rhéteurs Alcidamas, Antisthène, Gorgias, Thrasymaque, Polycrate et autres orateurs ou sophistes dont on trouve les noms et les extraits dans le recueil des *Oratores attici* de Didot.

PHILOSOPHES ET MORALISTES. — Le groupe des philosophes et des moralistes est une source fort utile, qu'on devra étudier avec soin. Il est même surprenant que les philosophes ne fournissent pas davantage. La philosophie était considérée en effet comme une science générale embrassant l'ensemble des connaissances acquises : logique, physique, métaphysique, morale, tout y était compris. Mais l'étude des lois en vigueur n'a pas beaucoup préoccupé les auteurs de ces traités : soit parce que l'esprit du temps faisait considérer cette étude comme peu digne de l'attention des philosophes, ou au moins comme étrangère aux spéculations philosophiques, soit parce que l'on craignait par de semblables écrits d'exciter la défiance ombrageuse du peuple. Mais tout en regrettant que les volumineux ouvrages des philosophes n'aient pas directement abordé la description et le commentaire des lois existantes, il faut leur savoir gré des lumières qu'ils ont fournies sur plusieurs points.

Platon a laissé un grand nombre de traités, mais tous ne fournissent pas un égal secours au jurisconsulte. Ainsi il faut écarter d'abord tous les ouvrages de métaphysique pure, tels que l'*Eutyphron* ou *le Théætète;* ou les nombreux traités de dialectique et de rhétorique, comme le *Protagoras*, le *Gorgias*, le *Sophiste*, l'*Euthydème*, les deux *Hippias*, *Lysis*, *Ménexène* et *Cratyle*. *Phèdre et le Banquet* sont absolument étrangers au droit. Dans le *Criton* et le *Phédon*, on trouvera des considétions élevées sur le rôle des lois en général et sur le respect qui leur est dû. Le *Politique*, le *Minos* et le *Timée* renferment également de hautes pensées morales sur les lois et des notions assez curieuses sur leurs origines, mais ne sont d'aucune utilité pour la restauration du droit grec. Il faut dire la même chose de la *République* : dans la cité modèle qu'il entend établir, Platon s'élève au rôle de législateur et emprunte ses institutions idéales aux préceptes de la philosophie. Dans ses ὅροι qui rappellent jusqu'à un certain point les titres du

Digeste *de Regulis juris et de Verborum significationè*, certaines définitions méritent l'attention par leur exactitude ou leur élévation. Ainsi la loi est noblement définie : Νόμος δόγμα πλήθους πολιτικὸν οὐκ εἴς τινα χρόνον ἀφωρισμένον. L'injure est aussi qualifiée avec une exacte simplicité : ὕβρις ἀδικία πρὸς ἀτιμίαν φέρουσα. Il faut remarquer encore les définitions du législateur, du dépôt, de la donation..., etc.

Mais de tous les traités de Platon, le plus important, le seul vraiment important, est le *Traité des lois*. Encore doit-il être consulté avec la plus prudente réserve. En adaptant un système complet de législation à la cité idéale dont il a jeté les fondements, le philosophe puise tantôt ses règles dans son propre concept, tantôt il les emprunte aux lois d'Athènes. Les parties les plus intéressantes de ce traité se trouvent dans les six derniers livres. On consultera notamment avec fruit la partie du livre VI qui traite du mariage et des dots, celle du livre VIII qui traite de certaines contraventions et de la condition à faire aux étrangers. L'étude du livre IX en entier est indispensable à ceux qui s'occupent du droit criminel, des peines portées contre le sacrilège, les crimes politiques, le vol, l'homicide, les blessures et les violences. Le livre XI est l'une des sources les plus riches pour le droit des obligations : les contrats usuels, le dépôt, les achats et ventes, le louage d'ouvrage y sont examinés. Les tutelles avec les obligations des tuteurs, les successions avec les dispositions testamentaires y occupent également une place importante. Enfin l'abandon des enfants, la réparation noxale, le divorce, la condition des furieux, les devoirs des témoins, la répression des mauvais procès y sont prévus et traités.

Aristote a trop écrit et embrassé des sujets trop divers, pour n'avoir pas touché par occasion aux matières juridiques. Il est regrettable que certains de ses traités soient perdus pour nous, comme celui où il avait réuni pour les examiner les constitutions de 158 états (1). Parmi les écrits qui nous restent, un grand nombre n'offrent aucun secours pour le droit. Tels sont les ouvrages consacrés aux sciences naturelles, comme l'histoire des animaux, ou aux sciences phy-

(1) Diogène Laërce, liv. 5, *Vie d'Aristote.*

siques, comme la physique proprement dite, la météorologie, le traité apocryphe du monde, le traité du ciel, celui de la production et de la destruction des choses. La métaphysique ne nous fournit également aucune ressource. Il faut en dire autant des traités de psychologie et de physiologie mêlées, comme les traités de l'âme, de la mémoire, du sommeil et de la respiration. On consulterait sans plus de résultats les ouvrages de logique, Catégories, Herméneia, Analytiques et Topiques, et le petit traité de la Poétique.

Les seuls ouvrages qui contiennent des renseignements utiles au jurisconsulte sont les traités de morale, la Rhétorique, les Problèmes, l'Economique et surtout la Politique. La morale à Nicomaque consacre un livre à la théorie de la justice où l'on trouvera des notions générales de droit civil et de droit pénal; on y lira notamment l'énumération des principaux contrats et des divers délits (L. 5, ch. 2, § 13). La Grande morale et la morale à Eudème ne font que répéter cette théorie sans rien nous apprendre de plus. Dans la Rhétorique, dont les exemples seront souvent utiles à connaître, on rencontrera des notions importantes, telles que la théorie et l'énumération des preuves, les témoignages, les titres, la question, le serment (L. 1, ch. 15; v. aussi L. 1, ch. 14 et L. 3, ch. 15). Les mêmes notions se retrouvent dans la lettre à Alexandre sur la rhétorique (Ch. 14-17). On ne s'arrêtera dans les Problèmes qu'à la section relative à la justice et à l'injustice (S. 29), où se reflètent les opinions de l'ancienne Grèce sur la violation du dépôt (n°s 2 et 6), sur la situation privilégiée faite aux défendeurs contre les demandeurs, et aux accusés contre les accusateurs (n°s 12, 13, 15), et sur certaines lois concernant les délits tels que le vol et l'injure (n°s 14 et 16). La Politique et l'Economique renferment des notions d'une grande importance sur le droit public et le droit privé : la composition et l'organisation de la famille, le pouvoir paternel et marital, la division des citoyens, y sont marqués et traités avec une certaine étendue. Il s'y rencontre des indications sur les obligations, les ventes pures et à terme, les prêts sur la propriété, l'usure, l'acquisition des biens, l'origine de la monnaie. Aristote ne parle pas seulement des institutions de son époque et de celles d'Athènes;

il rappelle les anciennes constitutions athéniennes, avec les lois rigoureuses de Dracon, et examine les constitutions des autres États, notamment celles de Carthage, de la Crète et de Sparte. Le livre V de la Politique, avec l'abondance des exemples qu'il emprunte aux divers peuples, peut être considéré comme le résumé de l'ouvrage relatif aux gouvernements des 158 cités qui ne nous est pas parvenu.

Théophraste avait écrit, à l'imitation de son maître Aristote, un grand nombre d'ouvrages, dont l'énumération nous est donnée par Diogène de Laërce. Presque tous ont péri. Plusieurs traitaient des lois, des législateurs et de la politique. M. Dareste, qui a rassemblé, publié et commenté les fragments qui restent de son Traité des lois, considère Théophraste comme le plus considérable, presque comme le seul jurisconsulte de la Grèce (1). Quant aux autres ouvrages du même philosophe, ils sont sans intérêt pour le droit. Le plus important, les Caractères, ne renferme aucune indication juridique.

Il ne faut rien demander aux autres philosophes, soit antérieurs, soit de la même époque. Les vers d'Empédocle, de Xénophane et de Parménide ne nous apprennent rien, non plus d'ailleurs que les fragments d'Anaxagore, d'Héraclite et de Démocrite. Les philosophes de l'école de Pythagore ne nous ont rien laissé; les Cyniques pas davantage. Le tableau du thébain Cébès ne fournit aucune lumière.

Au contraire, quelques travaux postérieurs et déjà contemporains de l'ère chrétienne présentent une importance considérable.

Plutarque est un des auteurs les plus utiles à consulter sur le droit grec : non pas qu'il nous livre, comme les contemporains de Démosthène, les institutions grecques directement et de première main, car il parle d'une législation à peu près éteinte qu'il ne connaît lui-même que par les écrits antérieurs; mais plus rapproché que nous des beaux temps de cette législation et des hommes dont il se fait le biographe, il a pu en parler avec autorité et compétence, et il a possédé des documents qui sont perdus pour nous. Ses ouvrages de philosophie

----

(1) *Revue historique*, 1870-1871, p. 262.

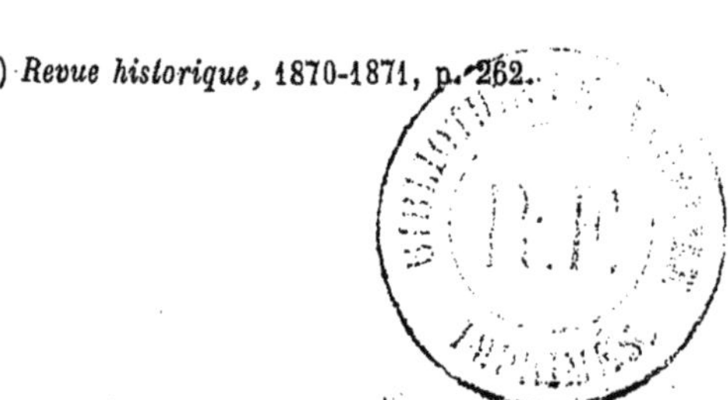

et de morale sont moins importants que ses biographies.
Parmi les premiers, il faut distinguer les *Apophtegmata laconica* et les *Laconica instituta* qui sont des sources utiles pour
le droit coutumier des Spartiates : notamment le chapitre de
Lycurgue sur le partage des terres (n° 2), les lois sur le
luxe, l'usage des dots (n° 15), les mariages (n° 16), les adul-
tères (n° 20). On trouvera des indications éparses dans les
Conjugalia præcepta (n°⁸ 1 et 2), les *Regum apophtegmata* (n° 6),
les *Quæstiones græcæ* et le petit traité *De vitando ære alieno*
(n° 4). Il faudra consulter les vies des dix orateurs attiques.
Mais les renseignements les plus nombreux et les plus utiles
sont fournis par les Vies des hommes illustres. Presque toutes
nos connaissances relatives aux institutions primitives des
Spartiates proviennent de la vie de Lycurgue et de la comparaison de Lycurgue et de Numa. Dans la vie de Lysandre,
et la comparaison de Lysandre et de Sylla, dans les biographies d'Agésilas, d'Agis et de Cléomène, on assistera à la
décadence de ces institutions et à la dégénération des lois et
usages. La vie de Solon présente un intérêt incomparable pour
le droit athénien. Elle contient les premières institutions d'A-
thènes, publiques et privées, les lois sur les femmes, les dots,
les testaments, le mariage, les enfants naturels, la diffamation
et une foule d'autres renseignements qu'on ne trouve que là.
Dans les biographies de Périclès, d'Alcibiade et de Démosthène, le jurisconsulte pourra relever également diverses
indications. Mais les autres vies, même celles de Cimon, de
Thémistocle, d'Aristide et de Phocion, n'apporteront aucune
lumière nouvelle.

Des vies de Plutarque, il convient de rapprocher les biographies de Diogène Laërce. Comme Plutarque, Diogène a
eu entre les mains des documents qui ont péri pour nous.
A côté des précieuses notices biographiques, à côté des exposés philosophiques, il a placé et transcrit des actes qui
offrent un véritable intérêt juridique. Dans ses anecdotes
même il n'est pas impossible de rencontrer et de dégager
certains renseignements. Ainsi la vie de Thalès offre l'exemple
ancien d'un legs fidéicommissaire; dans la vie de Chilon, on
surprend l'usage du cautionnement; dans celle de Pittacus
de Mytilène, une loi sur l'ivresse; un dépôt dans celle de

Xénophon ; un louage de services dans celle d'Æschine. On consultera avec profit les vies de Diogène et de Zénon. La biographie de Solon complète celle qui se trouve dans Plutarque ; il y est question de la table où furent gravées les lois ; parmi celles-ci on trouve des dispositions sur les devoirs des enfants envers leurs parents, sur les prodigues, sur la tutelle, sur l'appropriation des choses perdues et trouvées. Parmi les documents les plus intéressants, il faut citer encore les testaments de Platon, d'Arcésilas, d'Aristote, de Théophraste, de Straton, de Lycon et d'Épicure, dont les dispositions ont été conservées et le plus souvent littéralement transcrites par Diogène Laërce. Ces actes suffisent à donner les éléments fondamentaux d'une étude sur les dispositions de dernière volonté.

Lucien a dirigé ses critiques contre les mœurs plutôt que contre les institutions. Aussi les divers sujets qu'il a traités fournissent peu. Certains de ses articles sont néanmoins utiles à consulter. Timon ou le Misanthrope contient divers passages sur les testaments et les dots (n°s 21, 22, 47). Un dialogue des morts révèle l'avidité des chercheurs de successions (8-9). Dans le plaidoyer d'un « fils déshérité, » les questions d'exhérédation et de révocation des testaments composent le fond du discours (n°s 5, 8, 9, 10, 12, 18 et 20). Enfin on trouve dans « la double Accusation » et dans Anacharsis quelques notions sur la compétence et la procédure des tribunaux, ainsi que sur les devoirs imposés aux plaideurs.

Quant aux philosophes, rhéteurs, sophistes contemporains des empereurs romains, et dont les œuvres sont pour la plupart rapportées dans la grande collection de Didot, ils fournissent rarement un concours utile. Cette appréciation s'applique au manuel et aux dissertations d'Épictète dont la morale est l'unique objet ; aux discours philosophiques de Maxime de Tyr ; à la rhétorique d'Hermogène ; aux Ennéades de Plotin ; aux œuvres personnelles de son disciple Porphyre ; à Longin et à Jamblique ; à Athénée, à Syrianus, à Proclus et à son élève Marinus ; aux deux Philostrate, à Eunape, à Himérius, à Olympiodore et à Simplicius. Les quatre-vingts discours de Dion Chrysostome, composés dans la méditation des anciens modèles, peuvent offrir plus de ressources. Libanius est beaucoup moins utile. Le compilateur Stobée est surtout précieux à cause des nombreux passages d'auteurs qu'il nous a conservés. Une observation générale s'applique d'ailleurs à ces divers écrivains : c'est qu'au commencement de l'ère chrétienne, le droit grec s'est corrompu au contact de la législation perfectionnée des Romains; l'assimilation lente mais fatale des vaincus aux vainqueurs s'accentue davantage, et il faut apporter une excessive réserve dans la distinction et l'appréciation des notions juridiques qui peuvent se rencontrer dans les auteurs de cette époque.

PoÈTES. — Les poètes ne paient pas en général une large contribution au droit; cependant certains d'entre eux sont d'une utilité marquée.

Et d'abord, Homère en racontant les premiers usages des Grecs nous fait assister à l'origine des institutions. Les Grecs et les Romains aimaient à retrouver quelque chose d'eux-mêmes dans les héros de l'Iliade et de l'Odyssée. Ainsi les sociétés d'éranistes prétendaient remonter à ces temps légendaires (Od. 1. 226). Ainsi les jurisconsultes romains reconnaissaient une donation à cause de mort dans la libéralité de Télémaque à Pirée (Inst. Just., *De donat.*, § 1, Liv. II, t. 7). Ils aimaient à citer des vers d'Homère pour prouver que la vente dérive de l'échange (Inst., § 2, *De empt. vend.*, liv. III, t. 23). L'opinion du vieux poète avait une certaine autorité d'interprétation dans les controverses des écoles (Inst., § 1, *De lege Aquilia*, l. IV, t. 3).

Mais c'est surtout au point de vue des institutions primitives de l'ancienne Grèce qu'il est intéressant de recueillir les indications d'Homère. C'est dans l'épopée homérique que le monde grec nous apparaît pour la première fois (Curtius, *Histoire grecque*, trad. Bouché-Leclercq, p. 158) : non que cette société puisse être considérée comme une société adulte, parvenue à maturité, pourvue d'institutions complètes et définitives. Elle se révèle au contraire avec tous les traits des peuples au berceau (1). Mais à ce point de vue, on y trouvera des renseignements qu'on ne trouverait nulle part ailleurs.

(1) Summer-Maine, *Ancien droit considéré dans ses rapports avec l'histoire primitive*, chap. V.

C'est là qu'il faut se reporter pour prendre connaissance de l'organisation sociale des premiers Grecs, de la constitution patriarcale de la famille, de la juridiction illimitée du père sur la femme et les enfants ; là aussi qu'il faut aller chercher des données sur le commerce primitif. D'une manière générale, l'étude du monde homérique est le préambule nécessaire de toute histoire du droit grec, comme de toute histoire des sociétés helléniques.

Hésiode fournit peu de chose dans ses poèmes.

Les poètes tragiques contiennent parfois des allusions aux usages et aux institutions, surtout Euripide. Dans la Médée par exemple, on lit de beaux vers sur l'usage des femmes d'apporter des dots à leurs maris et sur les tristes conséquences des divorces (v. 230 s.). Dans l'Hippolyte et l'Andromaque, on retrouve ces mêmes allusions à la dot (Hipp., v. 627 s.; Andr., v. 2, 3, 147, 873). Dans l'Alceste, il est question de la transmission héréditaire aux descendants (v. 687, 737). Dans le drame satyrique du Cyclope, il est fait allusion à un genre particulier de contrat, la vente à dégustation (v. 137, 159, 254). Eschyle et Sophocle fourniront aussi des citations intéressantes. Mais il y a là plutôt occasion de rapprochements littéraires, que matière à études sérieuses.

Il ne faut pas en dire autant des poètes comiques. En mettant en scène les travers d'une époque, la comédie n'a pas pu se dispenser de toucher aux institutions. Le plus précieux des comiques est Aristophane. Si quelques-unes de ses pièces contiennent peu de renseignements nouveaux, comme la Paix et Plutus ; d'autres renferment, au contraire, un tableau saisissant des mœurs politiques, comme les Acharniens et les Chevaliers. Lysistrate, les Thesmophories et l'Assemblée des femmes donnent une singulière idée des mœurs publiques et privées à cette époque. On trouvera en outre dans les Thesmophories, des indications sur la durée des fêtes de Cérès durant lesquelles la justice chômait ; sur la nécessité de donner des gages pour obtenir crédit, sur les cautions, l'incapacité de la femme, l'abus des faux témoignages (v. 569 s.); et sur certains impôts peu connus, dans l'Assemblée des femmes. Les pièces les plus utiles au jurisconsulte sont les Guêpes qui présentent un aperçu des mœurs judiciaires, et où l'on trouve

des vers sur la désignation par testament d'un époux aux
femmes (v. 583, 584); les Grenouilles qui renferment des
détails sur la question des esclaves et le droit pour le maître
lésé d'obtenir la réparation du dommage (v. 615-625); les
Nuées avec des renseignements intéressants sur l'usage de
constater les dettes sur des registres domestiques (v. 19-20),
sur l'usage de payer les intérêts à certains jours fixes et sur
l'obligation de consigner les frais de procédure ou de donner
caution avant de poursuivre en justice (v. 1135-1136, 1180-
1198); enfin les Oiseaux où le poète transcrit la loi de Solon
qui règle la condition des bâtards et leurs droits à la succession paternelle (v. 1641-1669). Toutes ces comédies abondent
en traits qu'il est impossible de relever dans cet aperçu.
L'étude d'Aristophane doit être complétée par la lecture des
scholiastes. Il n'est pas de scholies offrant plus d'intérêt et
de lumières pour l'interprétation d'un auteur.

Après Aristophane, il faut donner une mention spéciale à
Térence. Dans son langage latin, Térence est le plus grec de
tous les poètes romains. Par lui le théâtre de Ménandre nous
est parvenu. Ce sont des personnages grecs qui sont représentés en scène, des mœurs grecques et jusqu'à des lois
grecques. C'est ainsi que dans les *Adelphi* on trouve les dispositions de la loi de Solon qui ordonne aux plus proches parents de marier l'orpheline (v. 655 s., 664 s., 675). Dans le
Phormion, on retrouve encore cette obligation de doter ou
d'épouser (v. 125 s., 296 s.), et le poète va jusqu'à fixer le
chiffre de la dot qui devait être fourni selon la loi athénienne
(v. 409 s.). Les questions de mariage forment en effet le fond
de la plupart de ces comédies (V. aussi *Andria*, v. 101, 952;
et *Heautontimoroumenos*, v. 835, 938-943).

Historiens. — Le groupe des historiens ne fournit pas tout
ce qu'on aurait pu en attendre. Le régime des institutions,
surtout des institutions privées, est sacrifié au récit des événements et de la politique extérieure.

Hérodote nous apprend plus sur les lois des Perses (Liv. I,
131 s.), sur celles des Égyptiens (Liv. II), et des Scythes (Liv.
IV, 59 s.) que sur les institutions des Grecs. Toutefois on lira
dans le livre I (§ 65) et dans le livre VI (§ 57) des renseignements importants sur le régime public et privé des Spartiates,

notamment sur le mariage de l'orpheline qui n'a pas été fiancée par son père (57), sur l'adoption qui se fait en présence du roi, sur l'usage de remettre certaines dettes à chaque avènement (59), sur la transmission héréditaire des arts et métiers (60). Les derniers livres presque entièrement remplis par les événements de la grande guerre avec les Perses, offrent peu de ressources pour le droit.

On trouve moins de légendes en Thucydide, mais une égale négligence des institutions privées. Les événements de la guerre du Péloponèse occupent toute l'attention de l'historien. On recueillera seulement quelques notions de droit public et de droit international : par exemple, au sujet des droits des colonies (1 § 34; 3 § 50), des ressources financières et militaires d'Athènes (1 § 13 ; 6 § 91), de l'égalité des citoyens devant la loi (2 § 37), de l'échelle des peines en droit criminel (3 § 45), du refuge des suppliants aux autels (3 § 58 ; 4 § 98), des conditions et du respect des traités internationaux (5 § 18). Les scholies qui accompagnent le texte présentent peut-être plus d'intérêt au point de vue du droit privé.

Xénophon ajoute peu à nos connaissances par ses ouvrages d'histoire. L'Anabase et la Cyropédie n'apportent pas de lumières nouvelles. Dans les Helléniques, le passage le plus important est le chapitre 7 du livre Ier qui renferme des notions intéressantes de droit criminel, sur les délits de lèse-majesté et de sacrilège, sur le droit de défense des accusés, sur la procédure, le jugement et les peines (§§ 20, 22, 23, 35...), sur l'usage de ne pas exécuter durant les jours fériés (4. 4 § 2). Il est indispensable de consulter le traité de la République de Sparte, où sont rappelées les institutions de Lycurgue que le temps avait déjà corrompues (Ch. 14), et le traité de la République d'Athènes dont la constitution est moins étudiée d'ailleurs que critiquée, et auquel il faut joindre les Revenus de l'Attique. L'Économique et les Mémoires sur Socrate sont les deux ouvrages les plus utiles pour le droit; dans l'Économique, on remarquera surtout les chapitres relatifs aux devoirs de la femme (Ch. 7-10) dans ses rapports avec le mari, et les chapitres relatifs au traitement des esclaves (Ch. 12-14). Dans les Mémorables, le chapitre qui contient la défense de Socrate accusé d'avoir violé les lois (Liv. I, ch. 2, §§ 49, 62, 72), et le passage où le philosophe rappelle à son fils les devoirs des enfants à l'égard des parents (Liv. II, ch. 2) méritent aussi de fixer l'attention.

Polybe est plus précieux pour le droit romain que pour le droit grec. Dans les 5 livres qui nous sont parvenus intégralement, on trouvera peu de secours efficaces. Dans les fragments qui restent des 35 autres livres de l'ouvrage, on remarquera le chapitre 10 du livre VI qui consacre quelques lignes aux lois de Lycurgue, les chapitres qui renferment une comparaison de la République romaine avec les autres Républiques, notamment celle de Sparte (6, 43 et s.). Dans les autres *res Græciæ*, il y a peu d'indications à recueillir.

Denys d'Halicarnasse n'a jamais passé pour un guide bien sûr, et cela permet de se consoler qu'il ait peu touché aux institutions helléniques dans ses Antiquités romaines. La bibliothèque de Diodore de Sicile vaut un peu mieux. Les traditions mythologiques occupent les premiers livres; mais on trouve dans les fragments du livre IX quelques chapitres sur Solon; dans le livre XII de bonnes indications au sujet des lois de Charondas de Thurium (§§ 11 et 18), sur l'éducation, le mariage, la tutelle des orphelins, le divorce, les épiclères, la proposition des lois; et au sujet des règlements de Zaleucus (§ 20 s.) sur les mœurs des femmes et le respect des contrats; dans les autres livres quelques notions très dispersées de droit public.

Le géographe Strabon, qui renferme des richesses inappréciables pour certaines parties des antiquités grecques, n'a pas la même importance pour l'histoire juridique. Toutefois, dans les trois livres qu'il consacre à la Grèce et aux îles (liv. 8, 9 et 10), on trouve des notions précieuses sur la topographie des villes et sur leur état d'après la conquête romaine, quelques passages de droit public, notamment sur les institutions d'Athènes (9, § 10), sur les mines du Laurium (9, § 23), rien sur le droit privé. Dans le livre 10, on trouve une analyse intéressante de la constitution crétoise et de quelques lois privées, notamment sur le mariage, la dot à fournir par les frères (Ch. iv, §§ 9, 16, 20, 22), et quelques indications sur le voyage de Lycurgue en Crète.

Il n'est pas plus facile de suivre dans Pausanias la décadence des institutions grecques, le progrès des lois romaines et de l'assimilation des vaincus aux vainqueurs. La description de la Grèce si riche en renseignements topographiques, est presque sans intérêt au point de vue du droit. Quelques allusions au droit public, le règlement des jeux Olympiques (Liv. 5, §§ 20, 24), quelques lignes sur les changements de constitution imposés par les Romains (L. 7, §§ 16, 17), des notions fort éparses de droit privé, comme la permission donnée par Antonin d'instituer certaines personnes (Liv. 8, § 44), voilà les seuls et modestes renseignements qu'on rencontre dans les huit livres de Pausanias.

On trouve moins encore dans les Antiquités et la guerre Juive de Joseph ; l'ouvrage contre Apion sur les origines judaïques ne donne pas plus que le livre sur les Machabées. — L'histoire romaine de Dion Cassius manque de critique et n'offre d'ailleurs aucune ressource sérieuse pour le droit grec. Appien se contente d'enregistrer les événements et ne fournit rien, même dans la guerre contre Mithridate. — Il faut en dire autant d'Arrien, dans son expédition d'Alexandrie.

LEXICOGRAPHES. — Nous arrivons au groupe si important des grammairiens, lexicographes, scholiastes et compilateurs de l'ère chrétienne. Je ne parlerai, en effet, que pour mémoire de la bibliothèque d'Apollodore l'Athénien qui est attribuée peut-être à tort à cet auteur, et dont les renseignements mythologiques sont sans grand intérêt pour le droit. Mais les écrivains de l'ère chrétienne qui ont connu tous les manuscrits, tous les monuments de la grande époque, constituent l'une des sources les plus riches du droit grec et particulièrement du droit athénien.

Pollux renferme des trésors dans le chaos qui forme son lexique. Comme il n'y a aucun moyen de se retrouver dans le désordre des matières, le plus simple sera de recourir aux *indices* et aux tables alphabétiques données par les éditeurs. Il n'est guère de point de l'antiquité sur lequel Pollux n'apporte des connaissances nouvelles. Dans l'ordre des recherches juridiques, il faut recommander surtout le livre 3 et le livre 8. Pour le droit religieux, on devra se reporter au livre 1er, ch. 1er. Pour le droit public au livre 1er, chap. 9 et 10, sur la marine et l'armée ; pour les impôts et les monnaies , aux ch. 5 et 6 du livre 9 ; pour les magistrats au chap. 9 du livre 8. Quant au droit privé, on trouvera des notions importantes sur la naissance et les diverses périodes de la vie, ἀνθρώπων ἡλικίαι (Ch. 1 et 2, liv. 2); sur la parenté et l'alliance, περὶ γένους καὶ συγγενείας (Liv. 3, ch. 1 et 2); sur le mariage, περί γάμου καὶ τῶν περὶ αὐτόν (Liv. 3, ch. 3); sur la distinction des citoyens et des pérégrins, περὶ πολιτῶν, ξένων, καὶ τῶν περὶ αὐτούς (Ch. 4). Sur les obligations, il faudra consulter le chap. 11 du livre 8, qui énumère les contrats : les prêts, les dépôts, les gages et les hypothèques font l'objet du chap. 12; les éranistes du ch. 13. Sur les banquiers, περὶ τραπεζίτου, δανείζοντος, on lira le ch. 9 du livre 3 ; sur les achats .et ventes, περὶ τοῦ πωλεῖν καὶ ὠνεῖσθαι, le chap. 25 du livre 3 ; sur le commerce terrestre et maritime, les chap. 5 et 6 du liv. 1er et le ch. 2 du liv. 7 ; sur les ouvriers et les métiers, les chap. 29 et 33 du liv. 7. Enfin les notions sur la procédure, les juges et les actions sont fort nombreuses (Ch. 1-8, 12-22, 27, 37-42). Il en est de même du droit criminel, περὶ ὀνομάτων ἀδικημάτων (Liv. 6, ch. 35, 38 s.). Il est impossible d'énumérer ce qu'on trouve de notions isolées et éparses dans chacun des chapitres des 10 livres de l'Onomasticon.

Le lexique d'Harpocration n'est guère moins riche que celui de Pollux ; mais à la différence de ce dernier, il procède par ordre alphabétique. Je me contente de renvoyer aux principaux passages concernant le droit privé. Sur le droit des personnes on se reportera aux mots γαμηλία, ἐπίδικος καὶ ἐπίκληρος, ἐπιτροπή, ἰσοτέλης, ὅτι οἱ ποιητοί, où l'on trouvera des indications sur le mariage, la condition des épiclères, la tutelle, la jouissance des droits civils et l'adoption. Sur les successions, aux mots ἀμφισβητεῖν, ἀντιγραφή, θῆτες κοινωνικῶν, ὅρος. Sur les obligations aux mots ἀποτιμηται, τίμημα et ὅρος pour les hypothèques, σῖτος pour l'obligation alimentaire, ἐπιδιατίθεσθαι pour la remise d'un gage, ὅτι παιδὶ καὶ γυναικὶ pour l'incapacité de certaines personnes, κοινωνικῶν pour les associés, μεσεγγύημα pour le séquestre. Sur les diverses espèces d'actions, la procédure et les tribunaux, on trouvera des indications très nombreuses, notamment aux mots ἀγραφίου δίκη, βιαίων, ὄνομα, διαμαρτυρία, διαιτηταί, δώρων γραφή, εἰσαγγελία,

εἰς ἐμφανῶν κατάστασιν, κλῆσις, ναυτοδίκαι, παραγραφή, παραγγελία, κακώσεως δίκη, καρποῦ δίκη, παρακαταβολὴ, παράστασις, ψευδεγγραφὴ, οὐσίας δίκη, ἐξούλης, ἐξαιρέσεως δίκη, ἀποστασίου δίκη,.....
Quant au droit public, les indications seront plus nombreuses encore.

Le lexique d'Hésychius, conçu dans la même méthode que celui d'Harpocration, est au moins aussi précieux. Probablement postérieur à ce dernier, il a dû s'en inspirer. Si Harpocration sur tel point donné fournit des renseignements plus étendus, Hésychius l'emporte en revanche par le nombre des indications et par la concision des définitions. Il n'est guère de terme dont il ne rende compte. Certaines matières qui ne sont ni dans Pollux ni dans Harpocration, sont expliquées dans Hésychius; et sur les points même qui sont traités par les deux premiers lexicographes, il n'est pas inutile de consulter le troisième. Il serait aussi difficile qu'inutile de donner ici la longue énumération des mots qui font l'objet d'explications intéressantes. En chaque matière en particulier, Hésychius devra être consulté.

Avec le lexique de Suidas nous nous éloignons encore bien davantage du temps où florissait le droit grec, et cependant on ne saurait encore attacher trop de prix aux indications abondantes contenues dans cet ouvrage et recueillies à des sources perdues aujourd'hui. On peut sans doute reprocher à Suidas d'avoir manqué de critique dans sa compilation des documents antérieurs, et l'on ne saurait accepter sans réserves les définitions ou explications qu'il a transcrites. Mais plus complet sur bien des points qu'Hésychius lui-même, il est au double point de vue du droit public et du droit privé, une des sources les plus importantes. Il suffit pour s'en convaincre de recourir à son dictionnaire.

Le dictionnaire géographique d'Étienne de Byzance, très précieux pour les renseignements de topographie et d'histoire, mérite d'être rapproché des ouvrages de Strabon et de Pausanias. Mais il est d'une importance très médiocre pour le droit; peut-être serait-il plus utile si les siècles nous en avaient conservé autre chose qu'un *épitome*.

Photius a un double titre à notre reconnaissance. Dans sa bibliothèque, il nous a conservé un grand nombre d'extraits d'ouvrages antérieurs, et comme compilateur, il mérite une place à côté de Stobée. Dans son lexique qui nous est malheureusement parvenu avec de graves mutilations, il a renfermé des indications nombreuses qui en font un ouvrage utile à consulter, même après les lexiques d'Harpocration, d'Hésychius et de Suidas.

Le lexique de Zonaras qui paraît avoir été en grande partie tiré des lexiques d'Hésychius et peut-être même de Suidas, est moins complet que ces derniers et moins important, quoiqu'il ne doive pas être négligé. Un grand nombre de termes juridiques ont été écartés.

Dans les commentaires d'Eustathe sur les rapsodies d'Homère, on trouvera des développements et des scholies qui méritent de fixer l'attention. Chaque vers de l'Iliade et de l'Odyssée est accompagné d'une explication correspondante. Les *indices* permettent de s'assurer promptement si le scholiaste a analysé et défini telle ou telle expression.

Les *anecdota* édités par Bekker contiennent des notions très diverses et souvent intéressantes, surtout les *lexica Segueriana*, où l'on remarquera notamment les δίκων ὀνόματα.

Enfin, il faut faire une mention spéciale du *Lexicon rhetoricum Cantabrigiense*, publié pour la première fois en 1822 et dont nous possédons aujourd'hui une très bonne édition donnée par Houtsma à Leyde, en 1870. Cet ouvrage de très médiocre étendue, qui contient au plus une vingtaine de définitions, ne le cède point en importance aux lexiques les plus étendus, car il n'en est aucun qui renferme un plus grand nombre de termes juridiques. C'est presque un dictionnaire de jurisprudence, avec définitions et commentaires. On y trouvera des notions excellentes sur les détails de la procédure, ou certaines particularités de la justice. Aucun travail sérieux sur les actions ne saurait être publié à l'avenir sans une étude approfondie de ce recueil. Il n'est pas d'ailleurs utile de relever ici les nombreuses indications qu'on y pourra rencontrer, car les recherches sont facilitées par l'ordre alphabétique des matières.

Pour en finir avec les auteurs, il faut rappeler qu'un grand nombre d'extraits relatifs au droit ont été réunis et disposés dans un ordre méthodique par M. Telfy dans son *Corpus juris Attici*. Malheureusement « il y a bien des réserves à faire. » D'abord, « la correction des textes, la critique et l'interprétation laissent trop souvent à désirer. » Ensuite l'auteur a donné sinon trop de place au droit public, trop peu du moins au droit privé; en outre il a presque absolument négligé toute cette portion importante des sources qui se réfère aux inscriptions. Sur 1587 fragments qui composent ce *Corpus*, 1304 sont relatifs au droit public, 283 seulement au droit privé. La statistique des emprunts faits aux divers auteurs est curieuse parce qu'elle reflète assez bien l'importance comparative de leurs ouvrages. Démosthène a fourni 189 extraits au droit public, 63 au droit privé; les scholiastes de Démosthène 43 au droit public, 3 seulement au droit privé. Pollux vient ensuite avec 121 fragments pour le droit public, 22 pour le droit privé. Harpocration donne 99 d'un côté, 22 de l'autre; Eschine et ses scholiastes 100 fragments; Suidas 80; Plutarque donne également 80; les *anecdota* de Bekker 79. Aristophane a contribué pour 11 citations, ses scholiates pour 64. Isée a fourni 10 fragments seulement au droit public, et 39 au droit privé; Lysias 45 en tout; Xénophon 36 dont 3 seulement pour le droit privé. Viennent ensuite Thucydide et ses scholiastes avec 20 extraits, Andocide avec 20 également. Lycurgue, Pausanias, Platon et ses scholiastes figurent chacun dans 16 citations; Isocrate dans 15; Antiphon dans 13, Aristote dans 12, Hésychius dans 11, Lucien et Photius dans 10. Le reste des extraits est emprunté à plus de 25 autres écrivains. Même en son état d'imperfection, le *Corpus juris Attici* est de nature à rendre de réels services aux études du droit hellénique.

II.

Les inscriptions forment une source de droit d'autant plus importante qu'elle est plus directe, plus sincère, et pour ainsi parler inépuisable. Les monuments qui nous parviennent ainsi purs de tout mélange, comme des parcelles détachées de l'antiquité, atteignent déjà un chiffre considérable et le nombre s'en accroît tous les jours par les recherches patientes et les découvertes continuelles de l'épigraphie. Il ne faut pas compter sur des documents généraux formant comme des recueils de droit. Ce sont une foule d'actes particuliers, des indications relatives à des points isolés, qui ne valent que par l'authenticité et par le nombre. C'est une alluvion lente et progressive dont les dépôts continus arrivent à former un terrain solide et fécond. Le droit public y trouve surtout des ressources considérables : les décrets y sont fort nombreux et beaucoup présentent un intérêt capital. Les institutions privées s'éclairent par des actes particuliers, conventions, inventaires, donations, stèles hypothécaires...

Ces inscriptions dont le chiffre est imposant, ont été recueillies et nous sont transmises par les recueils. Parmi ces recueils, il faut distinguer les collections définitives et les revues périodiques. Les collections définitives sont elles-mêmes générales ou spéciales, selon qu'elles ont pour objet de réunir toutes les inscriptions grecques sans distinction, ou d'embrasser seulement une certaine région ou une certaine catégorie de monuments.

Recueils. — Il n'existe à proprement parler qu'un seul recueil général, qui demeure encore aujourd'hui le monument fondamental de l'épigraphie grecque. C'est le *Corpus inscriptionum Græcarum*. Cet ouvrage considérable, entrepris par les soins d'Auguste Bœckh, se compose de 4 volumes, suivis d'un index et comprenant plus de 10,000 inscriptions. Le 1er volume, publié par Bœckh à Berlin en 1828, contient, outre des textes d'une époque très ancienne, les inscriptions de l'Attique, de la Mégaride, du Péloponèse, de la Béotie, de la Phocide, de la Locride et de la Thessalie. Le tome 2 qui porte encore le nom de Bœckh a paru en 1843 à Berlin et embrasse le reste de la Grèce, l'Acarnanie, l'Épire, la Macédoine et la Thrace, la Chersonèse et le Bosphore, les îles et une partie importante de l'Asie Mineure. Le 3e volume, continué par Joannes Franzius et publié à Berlin en 1853, comprend le reste de l'Asie Mineure, la Syrie, la Perse, l'Égypte, la Cyrénaïque, l'Italie avec la Sicile et la Sardaigne, la Gaule, l'Espagne, la Grande-Bretagne, la Germanie et le reste de l'Europe. Le 4e volume également publié par Franz en 1877, renferme des textes de provenance incertaine, une foule d'ins-

criptions copiées sur des vases ou des pierres précieuses et
les inscriptions de l'époque chrétienne. L'index a été composé
par Hermann Rœhl en 1877.

Ce serait un immense travail de marquer toutes les contri-
butions que ces volumes peuvent apporter à l'histoire du droit
grec. Le nombre des inscriptions qui se réfèrent spécialement
au droit est beaucoup plus restreint et il n'est pas impossible
de rappeler les plus notables. Quant aux inscriptions de provenance attique, la plupart ont été reproduites dans un recueil
plus récent dont les transcriptions sont en général préférables.
Il en est ainsi pour tous les textes antérieurs à Euclide et
postérieurs à l'empire romain, et aussi pour tous les décrets
de l'époque intermédiaire. Mais pour l'Attique même le *Corpus
inscriptionum Græcarum* reste indispensable pour les inscriptions autres que les décrets, (tels que les actes,) de cette période intermédiaire et pour tous les commentaires qui les
accompagnent. Parmi ces inscriptions on remarquera surtout
des textes relatifs à des contrats de location, μισθώσεις, passés
sous des clauses diverses (nᵒˢ 93, 102, 104); des comptes de
revenus (nᵒˢ 158 et 82), des inventaires et catalogues de biens,
des concessions d'exploitations minières (nᵒ 162), et plusieurs
stèles hypothécaires (nᵒˢ 530-533). Les inscriptions de la Mégaride et du Péloponèse ont été reprises en partie et com-
plétées dans une autre collection. Dans la portion consacrée
à la Béotie, il faut remarquer le prêt consenti par la ville
d'Orchomène et les arrangements auxquels la convention
donne lieu (nᵒ 1569), quelques affranchissements d'esclaves
par voie de consécration ou de vente (nᵒˢ 1607-1609); dans
la Phocide, la Locride et la Thessalie d'autres actes d'affranchissement (nᵒˢ 1699, 1701-1710, 1756), un jugement de délimitation de l'époque romaine (nᵒ 1732), et une disposition
testamentaire au profit du collège d'Esculape (nᵒ 1755).

Le tome 2 est peut-être le plus important du *Corpus*, au
point de vue des actes civils. A Corcyre, on remarquera
une liste de fonds achetés par la cité et donnés à des
proxènes (nᵒ 1840), une inscription mentionnant une donation faite par des particuliers à la ville, avec l'emploi et
la mise en valeur des fonds donnés (nᵒ 1845); à Délos,
l'adjudication des travaux concernant le temple d'Apollon

(n° 2266); à Tinos, une longue liste de ventes, pièce capitale en matière de contrats translatifs et de publicité (n° 2338); l'acte connu sous le nom de testament d'Épictèta que Bœckh rapporte à l'île de Théra (n° 2448). Parmi les inscriptions d'Asie Mineure, il faut mentionner des décrets de Mylasa relatifs à des confiscations (n° 2691) suivies de ventes, plusieurs contrats de location très détaillés et passés à Mylasa (n°ˢ 2693ᵉ, 2693ᶠ, 2694), des exsécrations et prohibitions accompagnées de clauses pénales sur des tombeaux (n°ˢ 2824-2826, 5509), les fragments relatifs aux procès des Samiens et des Priéniens sur la possession de quelques territoires (n°ˢ 2905, 2254), de véritables testaments gravés sur des monuments funèbres à Ephèse (n°ˢ 3028, 3029); des prohibitions et prescriptions pénales contre les meurtriers, voleurs, pillards, violateurs de tombes, fabricants de poisons à Téos (n° 3044); la fin d'un décret relatif à l'instauration de jeux solennels et à l'emploi des fonds (n° 3059), les fragments d'un testament au profit d'un collège (n° 3071), un règlement sur le deuil et la tenue des femmes à Pergame (n° 3562). Les *addenda* contiennent divers textes complémentaires parmi lesquels on distinguera des manumissions (n°ˢ 2113ᶠ, 2114ᵇᵇ), et un acte de constitution de dots, ἀναγραφὴ προικῶν, à Tinos (n° 2338 ᵇ).

Le 3ᵉ volume offre moins de ressources. Un grand nombre de textes qui se réfèrent au droit appartiennent à l'époque des empereurs romains et sont étrangers aux institutions grecques. Tel est le monument d'Ancyre (n° 4040), et le décret relatif aux malversations des publicains (n° 4957). On remarquera cependant l'acte de délimitation d'Alæsa en Sicile (n° 5594), les comptes de Tauromenium (n° 5640), un inventaire des donations faites aux prêtresses d'Héra (n° 5773). Le 4ᵉ volume offre très peu d'intérêt pour le droit.

Le *Corpus inscriptionum Atticarum* a eu pour objet, comme son nom l'indique, de réunir toutes les inscriptions de l'Attique. La publication n'en est malheureusement pas encore achevée. Dans l'état actuel, il se compose de 3 volumes. Le 1ᵉʳ volume publié à Berlin en 1873 par Kirchhoff comprend toutes les inscriptions antérieures aux réformes d'Euclide, c'est-à-dire à l'année 403; il est suivi d'un supplément. Le 2ᵉ volume

a été publié par Kœhler à Berlin en 1877 et 1883 ; il est divisé
en deux parties, dont la première renferme les décrets de l'é-
poque intermédiaire entre Euclide et Auguste ; la deuxième
partie comprend tous les autres actes datant de la même période. Le 3e volume, qui doit comprendre toutes les inscriptions de l'époque romaine, n'est pas entièrement achevé. La
1re partie, de beaucoup la plus utile, renfermant les décrets,
constitutions, actes privés, consécrations, listes de personnages, bornes et statues, a été publiée à Berlin en 1878 par Dit-
tenberger. Il reste à paraître la 2e partie comprenant les inscriptions funéraires et les *indices*. Tel qu'il est, ce recueil est
une œuvre capitale, qui ne dispense pas de recourir aux autres
recueils et au *Corpus inscriptionum Græcarum* pour les commentaires et les textes non encore édités, mais où les inscriptions
attiques ont été transcrites avec une exactitude scrupuleuse
et étudiées avec une critique qui laisse rarement à désirer.

Les textes de ce recueil antérieurs à Euclide sont d'un
faible secours pour le droit. Les décrets offrent surtout de
l'intérêt pour le droit public. Parmi ceux-ci, il faut mentionner un décret relatif aux émigrations et aux colonies (n° 31),
le décret qui ordonne de restituer aux temples ce qu'on leur
avait emprunté pour la guerre (n° 32), le texte mutilé qui nous
a transmis la loi de Dracon citée dans le plaidoyer de Démosthène contre Macartatos et relative au meurtre (n° 61). Les
catalogues et comptes des magistrats (n°s 11-331) si précieux
pour l'histoire d'Athènes, peuvent fournir des indications
utiles au jurisconsulte, notamment les textes concernant le
placement des fonds sacrés (n° 273), les catalogues des fonds
confisqués et vendus (n°s 274-281) et les registres des cura-
teurs des travaux publics (n°s 284-331). On ne trouvera que des
indications rares et isolées dans les consécrations et les inscriptions funéraires, rien dans les termes (Partie 5e). Dans le supplément, il faut aussi mentionner le décret imposant le serment
aux habitants de Chalcis avec des peines sévères contre les in-
fracteurs (n° 27ª) et le *Traité des Sélymbriens* avec des clauses
sur les dettes et la restitution des biens confisqués (n° 313).

La première portion du 2e volume n'est peut-être pas la
plus riche au point de vue de la jurisprudence. Toutefois
certains décrets ne laissent pas d'offrir de l'intérêt. Tel est

celui qui défend aux Athéniens d'avoir des possessions sur les terres ennemies (n° 17); la convention qui accorde à un particulier l'usufruit d'un fonds public (n° 203); le décret invitant les citoyens à contribuer par leurs dons à la défense de la cité (n° 334), le long plébiscite sur les mesures et les poids (n° 476), la loi des Amphictions de Delphes sur la gestion des biens sacrés (n° 545), la défense d'exporter du minium (n° 546), quelques actes relatifs à la comptabilité, et aux finances (n°ˢ 571, 578), un contrat de louage dont les clauses sont détaillées avec une grande précision (n° 600), divers règlements d'orgéons, de thiases et d'éranes (n°ˢ 610, 611 s., 615, 630). Il y aurait aussi des notions à emprunter aux nombreux décrets honorifiques, accordant la proxénie, la cité, le droit de posséder, l'accès d'une tribu, et d'autres prérogatives encore en échange de bienfaits rendus (n°ˢ 21, 41, 43, 228, 281, 309, 312, 331...), ou même aux longs décrets relatifs aux éphèbes (n°ˢ 316-340).

La seconde partie du même volume contient des actes importants relatifs au droit privé, notamment des baux et toutes les inscriptions hypothécaires découvertes jusqu'à ce jour.

Les inscriptions de l'époque romaine se ressentent fréquemment du contact des institutions latines et peuvent fournir des indices au sujet de l'invasion progressive du droit romain. Parmi ces inscriptions, il faut remarquer un fragment très mutilé relatif à la tutelle (n° 8), une constitution impériale au sujet des débiteurs du fisc (n° 48), une donation telle qu'on en rencontre assez souvent parmi les consécrations (n° 57). Les dédicaces, les termes, les listes et les statues ne peuvent fournir que des renseignements très épars.

La collection de MM. Lebas, Waddington et Foucart, devait embrasser un domaine presque aussi étendu que celui du *Corpus inscriptionum Græcarum*, sans toutefois rendre ce dernier inutile; les auteurs se proposaient seulement de reprendre les inscriptions mal éditées et de publier les inédites. Ce recueil qui devait ainsi compléter le *Corpus* de Bœckh, se compose de trois volumes.

Le premier, œuvre personnelle de Lebas, comprend l'Attique. La première partie renferme les textes épigraphiques, la deuxième des commentaires qui sont restés inachevés. Ce volume deviendra absolument inutile quand le *Corpus inscriptionum Atticarum* aura complètement paru.

Le tome deuxième embrasse la Mégaride et le Péloponèse, la Béotie, la Phocide, l'Etolie, et les îles. Il comprend aussi deux parties. La première, consacrée aux transcriptions épigraphiques, est de Lebas. La deuxième, affectée aux commentaires, doit être publiée par M. Foucart : un seul fascicule, celui de la Mégaride et du Péloponèse, a paru. Les inscriptions les plus remarquables au point de vue du droit, contenues dans ce fascicule, sont les suivantes : une donation avec consécration d'un jardin (n° 25), plusieurs décrets de proxémie dont les considérants et le dispositif présentent de l'intérêt (n°ˢ 2, 3, 26-34, 35); un acte relatif à des entreprises de travaux, constructions et transports (n° 157ᵃ), à laquelle il faut ajouter le n° 159ʰ très mutilé ; dans la Laconie, des décrets intéressants de proxénie (194ᵃ, 228ʰ), des donations ou fondations (n°ˢ 243, 243ᵃ), une ordonnance sur les achats de blé (n° 303ᵃ), l'importante inscription d'Audanie sur les mystères, l'administration des fonds, l'adjudication au rabais des victimes, les délits commis durant les sacrifices, la défense de couper du bois dans les lieux sacrés (n° 326ᵛ) et la police du marché; dans l'Arcadie, une *convention entre deux villes établissant l'égalité de droits et la faculté de mariage* (n° 328ᵃ); un règlement général des travaux publics de Tégée établissant une juridiction pour les contestations des entrepreneurs (n° 340ᵉ), fort intéressant et très complet sur la matière; un décret honorifique au sujet d'une donatrice (n° 352ʰ); enfin l'acte de réunion d'Orchomène à la ligue achéenne, établissant le ré_ *gime politique et civil de la cité* (n° 353).

Le tome troisième a été publié également en deux parties par Lebas et Waddington en 1870; il embrasse l'Asie Mineure, la Syrie et Chypre. On y remarquera les règlements administratifs concernant la fusion des communautés de Lébédos et Téos (n° 86), une longue inscription d'Ephèse fort importante pour la matière des obligations (n° 136ᵃ), divers contrats de louage à Olymos (n°ˢ 323 et 331), toute une série de décrets relatifs à des acquisitions ou des contrats de ventes (n°ˢ 332, 336, 338), d'autres contrats de location ou de vente à Mylasa (n°ˢ 404, 414-416, 483), le règlement d'une corporation d'ouvriers à Sardes (n° 628). La fin du volume est beaucoup moins riche en renseignements juridiques.

Les *Antiquités helléniques* de Rangabé ont beaucoup perdu de leur utilité et de leur autorité depuis la publication de recueils plus récents. Cependant on y trouve encore certains textes qui n'ont pas été reproduits ailleurs, et le commentaire sera toujours utile à consulter. Ces antiquités se composent de deux volumes; ils ont paru en français à Athènes, le premier en 1842, le deuxième en 1855. Beaucoup des inscriptions qui y sont contenues sont de provenance attique et ont pris déjà ou prendront place dans le *Corpus inscriptionum Atticarum*. On remarquera les comptes des polètes chargés de vendre les biens confisqués (n° 348), un traité entre deux villes de Locride prohibant la piraterie et organisant des tribunaux (n° 356ᵇ), un décret honorifique d'Erétrie constatant une donation, des placements et l'emploi des revenus (n° 689); un jugement délimitant des territoires, réglant l'exploitation des terrains publics, et le paiement des dettes (n° 692); un décret honorifique de Paros au sujet d'un magistrat qui avait concilié les patrons et les ouvriers (n° 770ᶜ), des listes de terrains vendus en Attique (nᵒˢ 877-878), un contrat de louage très incomplet à Athènes (n° 879), une série d'offrandes de plaideurs heureux (n° 831 s.), plusieurs stèles relatives à des ventes à réméré (nᵒˢ 883, 884, 885), des stèles hypothécaires (nᵒˢ 886-887); deux listes de constitutions de dot à Tinos fort mutilées (nᵒˢ 900-901), dont l'une a été signalée déjà dans le *C. I. Gr.*, n° 2338; un fragment relatif à un prêt aux Chiotes (n° 902), des actes nombreux d'affranchissement par vente ou consécration (nᵒˢ 903, 940, 941, 946, 953 s.).

L'Εφημερὶς ἀρχαιολογικὴ, après une publication périodique très irrégulière, a cessé depuis longtemps de paraître. Ce recueil se compose aujourd'hui de 4 volumes : le Iᵉʳ comprend les livraisons correspondantes aux années 1837 à 1839; le tome II va de l'année 1840 à 1842; le tome III commence en 1852 et va jusqu'en 1860; le tome IV va de 1862 à 1874. Ce recueil renferme plus de 4,500 inscriptions, avec commentaire grec, sans aucun index. Presque tous les textes compris dans les deux premiers volumes et la première partie du troisième ont été publiés déjà dans les *Antiquités* de Rangabé. Un grand nombre du 3ᵉ et du 4ᵉ volume sont réédités dans les autres recueils postérieurs, notamment les textes de l'Attique. Toutefois on n'est pas dispensé de recourir à l'Ἐφημερὶς, soit pour conférer avec les autres collections, soit pour trouver certaines inscriptions qui n'ont pas été reproduites ailleurs.

Les Ἐπιγραφαὶ ἀνέκδοτοι de la Société archéologique d'Athènes n'ont eu également qu'une existence passagère et irrégulière. Dans les brochures de 1851, 1852, 1855, 1860, on trouve quelques inscriptions importantes, comme certains décrets de provenance attique; mais heureusement la plupart de ces textes ont été recueillis dans des collections ou des revues plus répandues.

Le Φιλίστωρ a partagé la mauvaise fortune de l'Ἐφημερὶς et des Ἐπιγραφαὶ ἀνέκδοτοι. Il a commencé de paraître en 1861 pour cesser en 1863, après avoir fourni une carrière de 4 volumes, et un assez grand nombre d'inscriptions alors inédites, mais aujourd'hui reproduites pour la plupart dans les recueils plus récents, notamment dans le *Corpus inscriptionum Atticarum*.

Les *Inscriptiones græcæ ineditæ* de Ross se composent de trois fascicules et de 318 inscriptions. Le 1ᵉʳ fascicule a paru à Nauplie en 1834, comprenant des inscriptions d'Arcadie, de Laconie, d'Argolide, de Corinthie, de Mégaride et de Phocide non publiées par Bœckh : « *Eam legem scripsi*, dit l'auteur, *nullum ut reciperem titulum qui jam apud Bœckhium vel alium quemcumque impressus exstaret, nisi nova repetitio ejusdem marmoris necessaria videretur.* » Le 2ᵉ fascicule fut publié à Athènes en 1842 avec des textes inédits des îles; le 3ᵉ fascicule à Berlin en 1845 avec d'autres textes des îles. Bon nombre de ces inscriptions ont encore été transportées dans d'autres recueils. Dans le 1ᵉʳ fascicule, on trouve des actes d'affranchissement à Mantinée et à Delphes (nᵒˢ 9, 71-74, 81, 86); dans le 2ᵉ, une borne marquant des terrains hypothéqués pour la sûreté de créances dotales à Amorgos (nᵒ 126); le testament d'une femme de Théra laissant une somme d'argent à une communauté (nᵒ 198); dans le 3ᵉ un testament d'un certain Diomédon de Cos au profit d'Hercule (nᵒ 311). Tous les commentaires sont en latin. — Dans ses *Archæologische Aufsætze*, le même Ross a publié diverses inscriptions nouvelles : outre de nombreux décrets honorifiques (p. 467,

526, 610, 614, 645, 668), on y trouvera une liste de biens
donnés à une ville, ἀναγραφὴ τὼν χρημάτων τῶν δεδομένων τῇ πόλει
(p. 477), et un décret relatif à la construction d'un temple
(p. 496).

Dans le *Sylloge inscriptionum Bœoticarum*, publié par Keil
à Leipzig, en 1847, se trouvent réunis divers textes non publiés par le *Corpus I. G.* : décrets de proxénie, consécrations
faites par des particuliers avec leurs biens propres (nᵒˢ 18-20,
22ᵃ), affranchissements (nᵒ 21).

Dans son recueil d'inscriptions inédites de Béotie, publié à
Paris en 1868, M. Decharme a recueilli 53 textes nouveaux.
Les plus intéressants pour le droit sont relatifs à des affranchissements à Orchomène (nᵒˢ 1-4), et à une inscription funé-
raire gravée en conformité d'un testament (nᵒ 16).

Les *Anecdota delphica* de Curtius (Berlin, 1843) n'ont plus
qu'une utilité médiocre par suite des travaux et des découvertes postérieures.

Les inscriptions de Delphes recueillies par MM. Wescher
et Foucart, et publiées à Paris en 1868, présentent plus d'intérêt. La longue liste des affranchissements (nᵒˢ 19-450) mérite surtout de retenir l'attention. On y trouve tous les renseignements désirables sur cette intéressante matière : modes de
manumission, conditions imposées à l'acte, obligations des
-affranchis. M. Foucart s'est lui-même servi de ces matériaux
en publiant son mémoire sur l'*affranchissement des esclaves
par forme de vente*. — Je cite sans insister les inscriptions
inédites de Rhodes du même auteur.

Les *Discoveries at Ephesus*, publiées à Londres par Wood
en 1877, renferment comme appendice un assez grand nombre de textes inédits. La plupart des inscriptions sont étran-
gères au droit. Cependant il faut en distinguer qui présentent à cet égard une sérieuse importance : comme la donation
faite à un temple (nᵒ 4, *great theatre*, et nᵒ 5), et surtout cette
longue loi qui fait suite à l'inscription d'Ephèse donnée par
M. Waddington, et qui règle la situation respective des créan-
ciers et des débiteurs hypothécaires (nᵒ 1, *from the city*). Une
nouvelle édition avec commentaire en a été donnée par M. Dareste en 1877, sous ce titre : *Une loi éphésienne du Iᵉʳ siècle
avant notre ère.*

Kaibel a recueilli dans ses *Epigrammata græca ex lapidibus collecta* plus de mille textes publiés ailleurs, et tout à fait étrangers au droit. Il en est de même des inscriptions contenues dans l'ouvrage de Cesnola sur Chypre. La plupart se trouvaient déjà dans le recueil de Lebas et Waddington.

Newton est plus utile dans son livre sur Halicarnasse (1). Parmi les textes rapportés dans l'appendice on trouve un décret relatif à la possession de terrains et d'habitations (n° 1), des actes concernant la construction d'un gymnase et d'un temple par souscriptions volontaires (n°ˢ 2, 3), un texte relatif à la célébration d'un jour en l'honneur de l'empereur (n° 6), des imprécations et malédictions contre des personnes coupables d'empoisonnements ou d'attentats divers (n°ˢ 81 à 95), des donations et consécrations (n°ˢ 97 s.).

On trouvera également des textes intéressants dans le *Mont Olympe et l'Acarnanie* de M. Heuzey (2); parmi ceux-ci, il faut citer de nombreux affranchissements d'esclaves (n°ˢ 2, 4, 11, 13, 15, 18) et un acte relatif à des difficultés qui s'étaient produites au sujet de l'acquittement de certaines dettes (n° 48). *La mission archéologique en Macédoine*, du même auteur, renferme environ deux cent cinquante inscriptions nouvelles, beaucoup sont latines, quelques-unes byzantines (3); parmi les inscriptions grecques proprement dites, il faut citer un acte de donation consenti par une ville à des citoyens (n° 200) et une liste d'affranchissements (n° 214).

Il y a peu de ressources dans les inscriptions publiées par M. Mézières dans son mémoire sur *le Pelion et l'Ossa* (4); dans les cent dix-neuf inscriptions publiées par M. Delacoulonche dans son ouvrage sur le *Berceau de la puissance macédonienne* (5); dans les textes nombreux recueillis par M. Perrot au cours de son *exploration archéologique en Galatie et en Bithynie* (6); dans les *kleine Schriften* de Wilhelm Vis-

----

(1) *A History of discoveries at Halicarnassus.* London, 1868.
(2) Paris, Didot, 1860.
(3) Paris, Didot, 1876.
(4) Paris, 1863.
(5) Paris, 1858.
(6) Paris, Didot, 1862.

cher (1); dans le *Lesbos* et le *Samothrace* de Conze (2). L'*Ilios*
-de Schliemann renferme des textes plus importants, tels que
les lettres d'Antiochus relatives à des concessions de terres,
et les décrets honorifiques mentionnant des donations (p. 701-
706) (3).

Le mémoire de MM. Duchesne et Bayet, sur *une mission
au mont Athos*, contient environ cent quarante inscriptions
inédites, dont un grand nombre funéraires (4).

Je ne citerai que pour mémoire les recueils d'inscriptions
grecques de certains musées d'Europe : tels que les *inscriptions du Louvre* de Frœhner, le *Catalogo del Museo na-
zionale di Napoli, iscrizioni greche* (5) qui renferme le texte
soigné des Tables d'Héraclée, et la belle publication des *An-
cient greek inscriptions in the British Museum* (6), dont la
première partie sur l'Attique a paru à Oxford en 1874.

Revues périodiques. — Les revues périodiques ont l'in-
convénient de la dispersion des textes et de la confusion des
matières, des régions et des temps; mais aussi l'avantage de
tenir l'épigraphie au courant des découvertes de chaque jour.
Le nombre de ces revues est assez considérable; elles se publient en diverses langues; les unes sont plus spécialement
consacrées à l'épigraphie ou aux antiquités grecques; les autres s'occupent d'archéologie en général; les unes accueillent
tous les textes, quelle que soit leur provenance, les autres
renferment plus spécialement les inscriptions d'une région
déterminée.

Les cinq premiers volumes du *Bulletin de correspondance
hellénique* comprennent un grand nombre d'inscriptions de
provenances et d'époques très diverses, dont certaines présentent une grande importance pour le droit. Telle est, dans
le premier volume, la stèle de Spata constatant une vente
à réméré, avec un commentaire de M. Martha, où sont réunis les ὅροι hypothécaires connus antérieurement (p. 236 s.).

(1) Leipzig, 1878.
(2) Hannover, 1865, Wien, 1878.
(3) Leipzig, 1881.
(4) Paris, Thorin, 1876.
(5) Napoli, 1867.
(6) Oxford, 1874, *by Hicks*.

Tels sont, dans le volume de 1878, un autre ὅρος de Spata, relatif à une dot, avec un commentaire de M. Dareste (p. 485 s.); des inventaires de l'Asclepiéion; une donation de terrain (p. 503 s.); les comptes des hiéropes du temple d'Apollon Délien (p. 569 s.).

Dans le tome III, correspondant à l'année 1879, on remarquera les inscriptions de Chio relatives à des ventes et locations (p. 230 s. à 255), avec un commentaire de M. Haussoullier; la convention de trois villes crétoises constituant un arbitrage (p. 292), un ὅρος portant défense de construire dans l'enceinte d'un sanctuaire (p. 437); enfin, trois décrets honorifiques rendus par des sociétés de thiasotes (p. 512).

Le tome IV de l'année 1880 contient l'importante inscription d'Orchomène, au sujet d'un prêt fait par une femme à la ville, avec traduction et commentaire de M. Foucart (p. 1 et 78); plusieurs affranchissements d'esclaves par consécration (p. 91); une inscription de Teos relative à une fondation affectée à l'instruction des enfants libres (p. 111); une donation de terrains à une communauté d'éranistes de Rhodes (p. 139); un texte d'Halicarnasse qui mentionne un prêt hypothécaire et la vente des biens d'un débiteur insolvable, avec un commentaire de M. Haussoullier (p. 302 s.); un acte de Cnide relatant un emprunt garanti par une hypothèque sur les revenus, avec traduction et commentaire de M. Dareste (p. 341 s.); des cadastres à Lesbos (p. 417 s.); enfin une loi de Gortyne sur le régime de la propriété foncière et l'inaliénabilité des fonds patrimoniaux (p. 465), avec un commentaire de M. Haussoullier.

Le tome V de l'année 1881 contient aussi des textes importants : notamment un contrat de location à Mylasa, dont les dispositions ont été commentées par MM. Hauvette-Besnault et Dubois (p. 118); une fondation au profit de Delphes réglant l'usage et le placement des espèces données (p. 161 s.); un ὅρος de Munychie constatant un contrat pignoratif (p. 322); une donation à une société d'éranistes à Rhodes (p. 332); enfin, un décret des Etoliens en l'honneur d'Eumène avec consécration d'un sanctuaire inviolable (p. 374 s.).

L''Αθήναιον est une publication périodique grecque qui s'imprime à Athènes et qui consacre une partie de ses feuilles

à l'épigraphie. Elle remonte à l'année 1872, fournit un volume par année, et a cessé de paraître en 1882. On y
trouvera des inscriptions importantes et quelques commentaires intéressants de M. Koumanoudis. Il faut citer, parmi
les textes, une liste de donations ou versements, κατάλογος
ἐπιδόσεων (t. I, p. 11), un fragment de loi sur les orgéons (p.
14), l'intéressante liste de Myconos relative aux constitutions
de dot, ἀναγραφὴ προικῶν (t. II, p. 235), un décret de location
de biens en Attique (p. 484), une série d'ὅροι très divers,
l'un défendant aux membres d'un collège d'emprunter sur
le fonds commun (t. IV, p. 121), d'autres révélant des ventes
à réméré (p. 122, 219), un autre indiquant une hypothèque
consentie pour la sûreté de créances dotales (p. 217), enfin
un dernier ὅρος constatant une hypothèque au profit d'enfants
mineurs (p. 219). Il ne faut pas omettre une longue inscription de Livadie relative à une entreprise de travaux (t. IV,
p. 309), συγγραφὴ ἐργωνίας, un décret relatif à des ouvrages
à faire au Pirée (t. VI, p. 158), un décret athénien qui paraît ordonner de doter les filles d'un bienfaiteur aux frais
du trésor (p. 271 s.), un acte d'Éphèse relatif à une vente
(t. VII, p. 208), un affranchissement à Delphes par voie de
vente (p. 277), enfin, d'autres affranchissements par voie de
consécration dans les dernières livraisons de 1880-1881 (t. IX,
p. 319, 353).

Les *Mittheilungen des deutschen archæologischen Institutes in
Athen* sont, pour l'École allemande, ce que le *Bulletin de
correspondance hellénique* est pour l'École française. Ils se
publient également à Athènes, et enregistrent, au fur et à
mesure, les nouvelles découvertes épigraphiques. Le premier
volume correspond à l'année 1876. Entre autres textes, il
renferme une loi intéressante sur les funérailles et le deuil
(p. 140 s.), un fragment important relatif à une location
(p. 345), un contrat de vente (p. 345 s.). Trois stèles hypothécaires sont publiées dans le deuxième volume, l'une relative à un contrat pignoratif, les deux autres révélant les
garanties affectées à des créances dotales (p. 277), avec un
commentaire de M. Kœhler. Le tome III correspondant à
l'année 1878 contient des actes de versement à la caisse d'un
collège, et une disposition testamentaire en faveur de la

communauté d'habitants de Théra (p. 56-58). Le tome IV renferme **un** nouvel ὅρος relatif à une dot. Le tome V qui renferme des textes d'une importance capitale pour l'histoire de la marine, n'offre rien de spécialement utile pour le droit.

L'*Hermes* est également une publication allemande éditée à Berlin, qui a commencé à paraître en 1866 et compte déjà quinze volumes. Bien qu'un grand nombre des textes qui y sont publiés aient été reproduits ailleurs, il est indispensable de se reporter à ce recueil où l'épigraphie grecque occupe une place notable. C'est là que la loi de Dracon sur le meurtre a été publiée par M. Kœhler (t. II, p. 28); là aussi l'ἀναγραφή προικῶν de Myconos, que nous avons déjà trouvée dans l''Αθήναιον (t. VIII, p. 192); des actes de manumission en Phocide et en Béotie (p. 412); l'inscription de Téos relative à des fondations pour l'instruction des enfants libres qui se retrouve dans le *Bulletin de correspondance hellénique* (t. IX, p. 501).

L'*Archæologische Zeitung* n'est pas spécialement affecté à l'épigraphie grecque, ni même aux antiquités helléniques. Pourtant on y trouve des textes importants qui n'ont pas encore été recueillis par les collections ou revues spéciales. C'est là notamment que paraît, depuis l'année 1877, la riche série des inscriptions d'Olympia, dont la publication est loin d'être terminée en 1882.

Le Μουσεῖον, publié à Smyrne par les soins de la société évangélique, mérite une mention spéciale. Il se compose jusqu'ici de quatre fascicules : le premier correspond à la période 1873-1875, le deuxième à la période 1875-1876, le troisième 1876-1878, le quatrième 1878-1880. Le premier comprend plus de quinze inscriptions, les autres n'en contiennent pas moins. Le plus grand nombre a été édité dans d'autres recueils.

L''Όμηρος se publie également à Smyrne et renferme de temps à autre des inscriptions inédites, quoique l'épigraphie n'entre dans sa rédaction que pour une part très accessoire. — Le Πάρνασσος, publié à Athènes, ne présente aussi qu'un intérêt médiocre au point de vue de l'épigraphie.

Je signale pour mémoire seulement l'*Ephemeris epigraphica* qui se publie à Rome et contient parfois des inscriptions grecques se référant à la société romaine; — l'*Annuaire de l'As-*

sociation des études grecques en France qui renferme parfois des textes importants, recueillis d'ailleurs, pour la plupart, dans d'autres collections ou publiés à part, comme les inscriptions de l'île de Kos de M. Rayet (9° année, 1875, p. 267 s.).

J'indiquerai comme un recueil d'une importance particulière la *Revue archéologique*, qui devra toujours être consultée, moins pour les textes qu'on retrouvera ordinairement dans les recueils spéciaux, que pour les commentaires dont ils sont accompagnés. Il faudrait encore citer une foule d'autres publications, telles que les feuilles quotidiennes d'Athènes qui éditent parfois des inscriptions avant qu'elles soient recueillies par les revues spéciales.

Enfin cette énumération des sources présenterait une lacune grave, si l'on négligeait de mentionner la collection des papyrus gréco-égyptiens, dont il n'est plus permis de méconnaître l'importance au point de vue du droit. Parmi ces pièces dont le chiffre s'élève actuellement à plus de deux cents, les unes sont écrites en langue grecque, les autres en caractères démotiques. Les premières, d'un intérêt supérieur pour l'histoire du droit gréco-égyptien, et malheureusement dispersées dans les principaux musées et bibliothèques de l'Europe, ont été déchiffrées, réunies et publiées dans divers recueils auxquels sont attachés plus particulièrement les noms de Letronne et d'Amédée Peyron (1).

Ces divers textes renferment assez de renseignements pour qu'il soit possible d'esquisser avec leur secours les principaux traits de la législation gréco-égyptienne. M. Dareste a montré tout le parti qu'on en pouvait tirer pour reconstituer notamment la théorie de la famille et celle des contráts. Entre toutes ces pièces, on remarquera celles qui sont relatives au procès d'Hermias (2) et spécialement un jugement de l'année 117 av. J.-C., rempli de renseignements curieux et précis, dont la traduction vient d'être publiée dans cette Revue même (M. Dareste : *Le procès d'Hermias*). Il faut ajouter que cette source

----

(1) M. Dareste : *Les Papyrus gréco-égyptiens*, Journal des Savants, mars 1883; on y trouvera l'indication des principaux recueils.

(2) Révillout : *Le procès d'Hermias d'après les documents démotiques et grecs*, Paris, 1882.

n'est point encore épuisée, et que l'importance des papyrus gréco-égyptiens ne peut manquer de s'accroître à l'avenir, grâce aux recherches persistantes des archéologues et aux découvertes nouvelles qui se produisent presque chaque année.

On voit, par l'énumération nécessairement incomplète de ces divers recueils épigraphiques, combien sont dispersés les éléments de l'histoire de l'ancien droit grec, et combien il devient difficile, au milieu de publications qui se croisent, se répètent et se complètent tous les jours, de séparer et d'étudier les textes importants pour le droit. Cette dispersion et cette difficulté sont des obstacles sérieux aux travaux concernant l'histoire de ce droit. Ce serait faire œuvre utile et méritoire que de rassembler ces textes et d'en former un recueil spécial, destiné à faciliter l'étude des diverses législations grecques. Il ne saurait être question d'y faire entrer toutes les inscriptions qui fournissent une indication ou un secours aux matières juridiques : ces indications sont innombrables, et il y a peu d'inscriptions qui, par un détail ou une allusion, ne puissent servir au jurisconsulte. Mais il faudrait choisir les inscriptions et les pièces les plus importantes, telles que celles que nous avons signalées en parcourant les recueils, les transcrire, les traduire et les expliquer par un commentaire concis; faire en un mot pour l'épigraphie ce que Telfy a tenté de faire pour les écrivains. L'utilité de ce recueil serait immense; car, le moyen d'arriver à une restauration du droit grec, c'est de faciliter l'étude des sources, en comblant dans la mesure possible les lacunes qui résultent du défaut de compilations officielles et de traités authentiques. Tel serait l'objet et le résultat d'un *Corpus juris græci, inscriptiones continens ad jus publicum vel privatum pertinentes.*

G. BARRILLEAU,

agrégé à la Faculté de droit de Poitiers.

IMPRIMERIE
CONTANT-LAGUERRE
LVX·VITAM
BAR·LE-DUC